Kreta

Klaus Bötig

▶ Dieses Symbol im Buch verweist auf den großen Faltplan!

Kálos oríssate – Willkommen

Mein heimliches Wahrzeichen	4
Erste Orientierung	6
Schlaglichter und Impressionen	8
Geschichte, Gegenwart, Zukunft	12
Übernachten	14
Essen und Trinken	16
Reiseinfos von A bis Z	18

Unterwegs auf Kreta

Kreta 15 x direkt erleben

Provinz Iráklio 30

Iráklio 30 Archánes 39 Górtis 39
Festós 43 Agía Triáda 43 Záros 44
Mátala 44 Chersónisos 46 Mália 51

direkt 1 ▸ Eine einzigartige Insel – Ausflug nach Santorin 35
Weiße Dörfer auf dem 300 m hohen Kraterrand

direkt 2 ▸ Mehr als ein minoisches Disneyland – Knossós 40
Endlich einmal mehr als nur Grundmauern, hier kann
sich auch der Laie die Vergangenheit gut vorstellen.

direkt 3 ▸ Wege aus dem Trubel – das Hinterland von Chersónisos 48
Drei kleine Dörfer mit viel Flair und guten Tavernen

Provinz Lassíthi und Ágios Nikólaos 54

Ágios Nikólaos 54 Eloúnda 59 Krítsa 63
Lató 63 Gourniá 63 Mochlós 66 Sitía 66
Moní Toploú 67 Vai 67 Palékastro 68 Ierápetra 69
Análipsi und Makrigialós 73 Mírtos 73

direkt 4 ▸ Der Himmel auf Erden – die Kirche Agía Triáda 55
Die Bilder in den orthodoxen Kirchen sind nicht nur schön,
der Kundige kann darin ganze Geschichten lesen.

direkt 5 ▸ Eine andere Welt – die Lassíthi-Hochebene 60
21 echte Bauerndörfer auf Kretas fruchtbarster Ebene

direkt 6 | **Ein Ort des Grauens – die Festungsinsel Spinalónga** 64
Erst venezianische Burg, dann Türkendorf und Lepra-Kolonie

direkt 7 | **Im Oleanderwald – Zakrós und das Tal der Toten** 70
Wanderung durch ein Bachtal zu minoischem Palast und Strand

direkt 8 | **Traumziel für Zivilisationsmüde – die Insel Chrisí** 74
Sand, Muschelbänke, Fossilien und bizarr gewachsener
Wacholder machen Chrisí zum idealen Tagesausflugsziel.

Provinz Réthimno 76

Réthimno 76
Arméni 83
Agía Galíni 83
Anógia 90

direkt 9 | **Das vergessene Tal – Amári** 80
Träumende Dörfer zwischen Ida-Gebirge und Weißen Bergen

direkt 10 | **Natur und Kultur – von Arkádi nach Margarítes** 84
Tour zum Kloster, zu antiken Stätten und ins Töpferdorf

direkt 11 | **Canyon mit Palmenhain – Préveli und Plakiás** 87
Schluchten, Klöster, Strände und Künstlerateliers in Bergdörfern

Provinz Chaniá 92

Chaniá 92   Akrotíri-Halbinsel 98   Kolimbári 98
Kíssamos 98   Paleochóra 103   Chora Sfakíon 104
Loutró 105   Frangokástello 105   Georgioúpoli 105
Vámos und Halbinsel Apokorónas 108

direkt 12 | **Das alte Kreta – Archäologisches Museum Chaniá** 93
Kretische Kunst aus drei Jahrtausenden, stimmungsvoll
in einer gotischen Kirche präsentiert

direkt 13 | **Unentdecktes Kreta – das Hinterland von Kíssamos** 99
Krokodilsaugen und Gänsegeier in einsamen Landschaften

direkt 14 | **Der Klassiker – Wanderung durch die Samariá-Schlucht** 106
Vom Hochgebirge durch die berühmteste Schlucht
Kretas bis zum Meer hinunterlaufen

direkt 15 | **Beschauliche Dörfer – die Halbinsel Apokorónas** 109
Nachhaltiger Tourismus rund um Vámos

Sprachführer	112
Kulinarisches Lexikon	114
Register	116
Autor, Abbildungsnachweis, Impressum	120

Kalós oríssate – Willkommen
Mein heimliches Wahrzeichen

Urlaub auf Kreta bedeutet vor allem Urlaub am Meer. An der über 1000 km langen Küste findet jeder den Strand und den Urlaubsort nach seinem Geschmack. In vielen Häfen laden Ausflugsboote zu maritimen Ausflügen ein, überall liegen kleine Fischerboote am Kai. Sie sorgen dafür, dass die unzähligen Tavernen der Insel stets mit frischem Fisch aus der Ägäis versorgt sind.

Erste Orientierung

Überblick

Kreta, griechisch Kríti, ist mit 260 km Länge und bis zu 60 km Breite die größte griechische Insel. Sie wird der Länge nach von vier über 2000 m hohen Gebirgen durchzogen. Alle größeren Städte liegen an der Nordküste. Internationale Flughäfen sind Chaniá im Westen und Iráklio im Zentrum, Haupthäfen Iráklio und Soúda bei Chaniá. Auch die meisten großen Hotels stehen an der Nordküste. Viele kleinere Hotels und Apartmentanlagen sind auch in den oft weit auseinanderliegenden Küstenorten am Libyschen Meer entstanden.

Zentral – die Provinz Iráklio

Im Großraum der kretischen Hauptstadt **Iráklio** (► K/L 3), die auch Heraklion geschrieben wird, lebt etwa ein Viertel aller 600 000 Kreter. Vor über 3500 Jahren standen hier mit Knossós, Archánes und Festós drei der bedeutendsten minoischen Palastzentren. Gleich östlich von Iráklio beginnt die ›Costa Turistica‹ der Insel, die sich über **Chersónisos** (► M 3) und **Mália** (► N 4) hinaus bis nach **Sísi** (► N 4) erstreckt.

Leicht zu passierendes Hügelland verbindet den Inselnorden bei Iráklio mit der **Messará-Ebene** (► J/K 6) im Süden. Diese Kornkammer Kretas erstreckt sich bis zu 12 km breit und 40 km weit parallel zum Libyschen Meer zwischen dem wüstenhaft wirkenden Asteroússa-Gebirge im Süden und dem Hügelland im Inselzentrum.

Der Osten – Ágios Nikólaos und die Provinz Lassíthi

Provinzhauptstadt Ost-Kretas ist die gemütliche Kleinstadt **Ágios Nikólaos**
(► O 4) mit ihrem schönen Binnensee am weiten Golf von Mirambello. Ágios Nikólaos und das benachbarte **Eloúnda** (► O 4) haben sich zu Zentren kretischer Luxus-Resorts entwickelt, während die beiden anderen Städtchen der Region, **Sitía** (► R 4) an der Nordküste und **Ierápetra** (► O 6) an der Südküste, noch teilweise ländlich geprägt sind. Hier hat der Tourismus nur bescheidene Ausmaße erreicht. Landschaftlich besonders attraktiv sind die von den über 2000 m hohen Bergen des **Díkti-Gebirges** umschlossene **Lassíthi-Hochebene** (► N 4) und die menschenarme **Ostküste** mit dem Palmenstrand von **Vái** (► S 4) und dem minoischen Palastzentrum von **Káto Zakrós** (► S 5). Hier fühlt man sich oft der Landschaft und des Klimas wegen schon ein wenig die Nähe des Vorderen Orients.

Zwischen den höchsten Gipfeln – Provinz Réthimno

Die Provinzhauptstadt **Réthimno** (► F 3) ist mit nur 28 000 Bewohnern bereits die drittgrößte Siedlung der Insel. Ihre Altstadt wird von Wohnhäusern aus venezianischer und osmanischer Zeit geprägt, die Minarette mehrerer Moscheen überragen die Dächer. Von Rethimnos mittelalterlicher Festung Fortezza aus hat man die beiden höchsten Gebirge Kretas gleichzeitig im Blick: im Osten das **Ída-Gebirge** (► H/J 4) (auch: Psilorítis) und im Westen die Weißen Berge, die **Léfka Óri** (► D 4).

Östlich der Stadt stehen zahlreiche größere Hotels an einem 16 km langen Strand, aber auch an der Südküste gibt es hier mit **Agia Galíni** (► H 5) und **Plakiás** (► F 4) zwei Badeorte, die in

6

Erste Orientierung

den Katalogen der Reiseveranstalter zu finden sind. Fruchtbare Hochtäler wie das **Amári-Tal** (▶ G/H 4) sind ebenso charakteristisch für die Region wie kleine Schluchten.

Wilder Westen – Die Provinz Chaniá

Das Massiv der **Léfka Óri** beherrscht weite Teile der Region, deren Hauptstadt **Chaniá** (▶ D 2) noch weitgehend von alten venezianischen Gassen und Palazzi geprägt ist. Vier Halbinseln, zwei davon nahezu unbewohnt, strecken sich im Norden ins Kretische Meer hinaus, an der Westküste sind zwei südseehafte Lagunen einzigartige, hotelfreie Badeparadiese. Urlauberzentren mit vielen Unterkunftsmöglichkeiten sind in dieser Provinz hauptsächlich die Dörfer zwischen Chaniá und **Kolimbári** (▶ B 2) sowie **Georgioúpoli** (▶ E 3). Für Liebhaber verschlafener Landstädtchen ideal ist **Kíssamos** (▶ A 2) ganz im Westen mit seinem hügeligen, touristisch noch weitgehend unerschlossenen Hinterland.

Straßen: Eine gut ausgebaute Schnellstraße folgt der Nordküste zwischen Kíssamos im Westen und Ágios Nikólaos im mittleren Osten. Hier kommt der Reisende recht schnell voran. Im Süden reist man hingegen nur auf zwar guten, aber kurvenreichen Landstraßen, die meist hoch am Hang entlang oder durch Binnenebenen führen. Viele Küstenorte dort sind nur über Stichstraßen zu erreichen.

Mehrere Dutzend wilde Schluchten ziehen sich von den Weißen Bergen aus zur Südküste hinunter, darunter auch die berühmte **Samariá-Schlucht** (▶ C 4). Zwei der wenigen Dörfer am Libyschen Meer sind bis heute nur zu Fuß oder per Boot zu erreichen. Kretas einzige Küstenschifffahrtslinie verbindet die Häfen zwischen dem bei Individualreisenden beliebten **Paleochóra** (▶ A/B 4) und dem stillen **Chóra Sfakíon** (▶ D 4) und steuert auch **Gávdos** (▶ D 8) an, die südlichste Insel Europas.

Lebendige historische Städtchen wie Réthimno prägen das besondere Flair Kretas

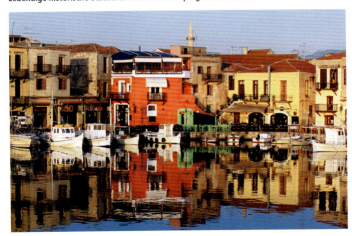

7

Schlaglichter und Impressionen

Strände …

Kreta bietet in Hülle und Fülle, was die meisten Urlauber suchen: Gute Strände nach jedem Geschmack an Ägäis und Libyschem Meer. Ob Dünen- oder Palmenstrand, weißer Sand oder bunte Kiesel, unglaubliche Stille oder Beach-Parties schon am Nachmittag, alles ist hier zu finden. Privatstrände gibt es nicht. Sämtliche Uferzonen sind frei zugänglich, es sei denn, das Militär braucht sie zur Landesverteidigung. Kurtaxe ist unbekannt, für keinen Beach wird Eintritt erhoben. Darum fehlt vielen Gemeinden auch das Geld für eine tägliche Strandreinigung.

Pieksauber sind meist nur die Abschnitte, an denen jemand verdient: Tavernenbesitzer, Liegestuhlvermieter, Wassersportstationen und Hoteliers vor allem. Sie sorgen auch für Duschen, Sanitäreinrichtungen und in seltenen Ausnahmefällen sogar für Umkleidekabinen. Eine Baywatch, also eine Art DLRG, ist nur an viel besuchten Stränden vorgeschrieben, festgelegte Badezeiten wie am Wattenmeer gibt es nirgends. Die Verantwortung für sich selbst trägt jeder ganz allein – so wie es die Kreter schätzen.

… und Schluchten

Mehr als jede andere griechische Insel lockt Griechenlands größte Insel auch Wanderer und Trekker an. Der europäische Fernwanderweg E4 durchzieht die Insel in voller Länge, führt über Zweitausender und direkt am Meer entlang. Der Abschnitt entlang des Libyschen Meeres zwischen Paleochóra und Chóra Sfakíon ist fast so etwas wie der Jakobsweg für Kreta-Abenteurer. Den absoluten Thrill schaffen Schluchtenwanderungen. Einige wenige der kretischen Canyons sind sogar schon eintrittspflichtig und werden regelmäßig gesäubert. Die meisten aber sind jungfräulich und wild wie eh und je.

Bei allen Wanderungen fällt wieder das typisch griechische Laissez-faire solange angenehm auf, wie man keine Probleme hat. Verbotsschilder fehlen völlig, aber häufig auch Wegweiser und Wegmarkierungen. Gute Wanderkarten gibt es nicht, dafür aber auch keine Wandernadeln in Gold, Silber und Bronze oder gar Heimatabende mit Trachtentanz einmal pro Woche.

Freiheit oder Tod

»Elefthería i Thánatos« lautete das Motto der Kreter während ihrer vielen Rebellionen gegen die türkische Herrschaft zwischen 1669 und 1898. Ganz so hoch ist der Einsatz heute nicht mehr, doch die Freiheit bleibt das höchste Gut. Und die wird nach Ansicht mancher ›Helden‹ vor allem durch Verkehrsschilder eingeschränkt. Darum sind sie häufig durchlöchert. Sie dienen den vielen Waffenbesitzern der Insel als beliebteste Zielscheiben.

Wie stark das Misstrauen gegen staatliche Autorität ist, zeigten die Vorfälle ums Bergdorf Zonianá in den Jahren 2008/2009 besonders deutlich. In der gebirgigen Umgebung des Ortes hatten viele Bauern Hanf und Mohn angebaut, Zonianá mauserte sich zum Drogenanbauzentrum Griechenlands mitsamt allen kriminellen Begleiterscheinungen. Sondereinheiten der Polizei stürmten den Ort und hielten ihn tagelang besetzt. Daraufhin kam es zu

Schlaglichter und Impressionen

Protestkundgebungen der gesamten Dorfbevölkerung: Die Anwesenheit so vieler Polizisten gefährde die Moral der Kinder, war ihre Befürchtung.

Ziegen überall

Noch mehr Freiheit als die Menschen scheinen die Ziegen der Insel – zumindest bis zum Tag ihrer Schlachtung – zu genießen. Jederzeit muss der Autofahrer außerhalb der Städte damit rechnen, dass sie ihm den Weg versperren. Ihre Fluchtdistanz ist mal groß, mal äußerst niedrig, man muss auf alles gefasst sein. In entlegenen Gegenden sind sie manchmal sogar so mutig, den Kopf durchs Autofenster zu stecken und Schokoladenkekse aus der Hand zu fressen.

Hirten sind in ihrer Nähe nur selten zu sehen. Darum bleibt auch ein Urteil des Obersten Griechischen Gerichtshofes Areopag aus dem Jahr 2010 nur Makulatur: Danach müssen das erste und letzte Tier jeder Herde, die nachts auf Straßen schläft oder trottet, ein Warnlicht tragen …

Kalter Kaffee, coole Musik

Für viele einheimische Gäste in den Straßencafés der Städte ist das ländliche Kreta ebenso exotisch wie für den Besucher aus Mitteleuropa. Die Hälfte aller Kreter lebt zwischen Beton und Asphalt, verbringt die Freizeit lieber bei einem eisgekühlten Nescafé frappé oder Freddo Espresso als in den Bergen. Das Kafenío als traditionelles Kaffeehaus ist out. Die Wirte übertreffen sich gegenseitig beim Aufwand für schicke, trendige Möblierung, DJs sorgen schon tagsüber in vielen Café-Bars für coole Musik. Die Getränkepreise sind relativ hoch, aber die Verweildauer der Gäste ist auch extrem lang. Statistiker haben ermittelt, dass jeder griechische Gast im

Die traditionelle kretische Tracht sieht man heute nur noch selten

Schlaglichter und Impressionen

Durchschnitt 93 Minuten mit einem einzigen Kaffee den Kaffeehausstuhl oder den Lounge Chair blockiert. Ein zweites Getränk nachzubestellen ist unüblich. Dagegen bringt der Kellner zur Flasche Bier ganz selbstverständlich auf Wunsch auch zwei Gläser.

Orale Gesellschaft

Die Zeit im Café vergeht vor allem mit Gesprächen. Nur selten sitzt ein Gast allein am Tisch, ohne *paréa*, also Gesellschaft, fühlt sich der Grieche einsam. *Monaxía* und *erimía*, zwei Synonyme für Einsamkeit, sind denn auch die am häufigsten aus griechischen Liedtexten herauszuhörenden Begriffe – natürlich hinter *agápi*, dem Wort für Liebe. Miteinander zu reden ist durch nichts zu ersetzen. In keiner griechischen Werbung fehlt eine Telefonnummer, die man anrufen kann. So kann man im Supermarkt erfahren, ob die beworbene Ware überhaupt noch vorrätig ist, sich nach den Öffnungszeiten erkundigen.

Überhaupt wird gern telefoniert. Statt im Reiseführer Öffnungszeiten und Eintrittspreise nachzuschlagen, ruft man im Museum oder an der Kasse der Ausgrabungsstätte an. Statt mühsam gedruckte Fahrpläne zu entziffern, greift man zum Hörer und erkundigt sich bei der Hafenpolizei, der Flughafeninfo oder beim Busbahnhof.

Mínos und Ariádni

Untereinander reden Kreter sich meist beim Vornamen an, auch wenn sie sich siezen. Das allerdings ist weitaus selte-

Daten und Fakten

Lage: Kreta (gr.: *Kríti*) liegt in etwa auf der gleichen Höhe wie Zypern und wie die tunesische Insel Djerba.

Fläche und Einwohner: Kreta ist Griechenlands bevölkerungsreichste Insel und nach Sizilien, Sardinien, Zypern und Korsika die fünftgrößte Insel im Mittelmeer. Auf einer Fläche von 8336 km^2 leben 623 000 Menschen, also etwa 74/km^2. Die größte Stadt ist Iráklio mit 174 000 Einwohnern, gefolgt von Chaniá (109 000 Ew.) und Réthimno (56 000 Ew.).

Verwaltung: Kreta ist eine von sieben griechischen Provinzen. Inselhauptstadt ist Iráklio. Die Insel ist in die vier Verwaltungsbezirke Iráklio, Chaniá, Réthimno und Lassíthi (Ost-Kreta, Hauptstadt Ágios Nikólaos) unterteilt.

Höchste Berge: Der höchste Berg ist mit 2456 m der Psilorítis im Ida-Gebirge südwestlich von Iráklio. Der Pachnés in den Weißen Bergen im Inselwesten verfehlt den Titel nur um drei Höhenmeter.

Entfernungen: Von Káto Zakrós im Osten bis nach Elafónisi im Westen fahren Sie etwa 415 kurvenreiche Kilometer.

Religion: Nahezu alle Kreter sind griechisch-orthodoxe Christen.

Wirtschaft: Neben dem Tourismus ist vor allem die Landwirtschaft von Bedeutung. Hauptprodukte sind Olivenöl, Wein, Tafeltrauben, Sultaninen, Kartoffeln in Gewächshäusern gezogene Tomaten und Gurken sowie Käse, Ziegen- und Lammfleisch. Das produzierende Gewerbe konzentriert sich auf Chaniá und Iráklio. Die Fakultäten der Universität von Kreta sind auf die Standorte Iráklio, Réthimno und Chaniá verteilt.

Schlaglichter und Impressionen

ner der Fall als bei uns – auf Kreta ist man schnell und formlos beim Du. Die Vornamen selbst sind wie bei uns meist christlichen Ursprungs, aber auch Namen aus der klassischen Antike sind durchaus gebräuchlich. Da heißt der Obstverkäufer Plátonas, ist also nach dem Philosophen Platon benannt, der Metzger vielleicht Aristotélis und die Rezeptionistin Xanthíppi. Auf Griechenlands größter Insel kommen noch zwei urkretische Namen aus minoischer Zeit hinzu: Mínos und Ariádni. Beide führen weit in den Bereich der antiken Mythologie zurück.

Mínos war der erste König der Insel, gezeugt von Göttervater Zeus mit der von ihm nach Kreta entführten phönikischen Königstochter Europa. Verheiratet war er mit Pasiphae, die sich einst in einen weißen Opferstier verliebte. Von Dädalus ließ sie sich eine Holzkuh bauen, um so mit dem Stier Sex zu haben. Aus der Vereinigung entstand der Minotaurus, ein Mann mit Stierkopf, den König Minos im Labyrinth seines Palastes versteckte. Als Opfer forderte Minotaurus alljährlich sieben Jünglinge und Jungfrauen aus Athen. Erst dem Athener Königssohn Theseus gelang es, die Bestie zu töten.

Das Hilfsmittel, um danach aus dem Labyrinth herauszufinden, hatte ihm Ariadne, eine Tochter des Minos, auf Anraten des erfinderischen Dädalus mit in den Kampf gegeben: ein Wollknäul. Danach floh Ariadne mit Theseus, in den sie sich verliebt hatte. Auf dem Weg nach Athen jedoch verlangte der Gott Dionysos, dessen Priesterin sie gewesen war, nach ihr. Theseus musste sie am Strand der Kykladeninsel Náxos zurücklassen.

Dadurch war er so betrübt, dass er eine Abmachung mit seinem Vater Ägäus, dem König Athens, vergaß. Statt weiße Segel zu setzen, wie für den Fall

Allgegenwärtig: die griechische Flagge

seines Sieges ausgemacht, näherte er sich der Heimat unter schwarzen Segeln, die seinen Tod signalisierten. Als Ägäus sie sah, stürzte er sich in das Meer, das bis heute seinen Namen trägt – die Ägäis.

Stiefkind Umwelt

Das Wasser der Ägäis hat überall vor Kreta beste Badequalität. Sorgen bereitet die See nur den Fischern, denn sie haben sie überfischt. Problematischer ist die Umweltsituation an Land. Moderne Müllverbrennungsanlagen gibt es nicht, viel Müll wird noch immer unter offenem Himmel verbrannt. Das Recycling steckt in den Kinderschuhen.

Die reichlich vorhandene Sonne wird bislang überwiegend nur zur Warmwasseraufbereitung genutzt. Photovoltaik ist trotz der guten Bedingungen nicht im Einsatz, nur die Windenergie spielt dank vieler EU-Fördermittel schon eine gewisse Rolle. Atomkraftwerke gibt es in ganz Hellas nicht (und sind auch nicht geplant), stattdessen verbrennt man auf Kreta das meist aus der Ukraine gelieferte billige Erdöl-Derivat Masut und auf dem Festland sogar griechische Braunkohle miserabler Qualität. Im Tierschutz sind vor allem auf Kreta lebende Ausländer engagiert, die von den per Gesetz für die Errichtung von Tierheimen verantwortlichen Gemeinden unzureichend unterstützt werden.

Geschichte, Gegenwart, Zukunft

Minoische Zeit

Nachdem Kreta etwa 6000 v. Chr. von Anatolien aus besiedelt wurde, revolutioniert um 2800 v. Chr. die Entwicklung der Kupferherstellung das Leben der Menschen und führt zu ausgedehnten Handelsbeziehungen Kretas mit Zypern und Vorderasien. Um 2000 v. Chr. beginnen die heute nach ihrem sagenhaften ersten König Minos benannten Minoer damit, sich unter mächtigen Königen zusammenzuschließen. Es entstehen Paläste, die zugleich Zentren großer Städte werden (Altpalastzeit). Um 1700 und um 1600 v. Chr. werden diese Paläste durch Naturkatastrophen zerstört. Danach entstehen an gleicher Stelle noch prächtigere neue Paläste, deren Überreste heute in Knossós, Festós, Mália und Káto Zakrós zu besichtigen sind.

Mykenische Zeit

Ab etwa 1450 v. Chr. dringen griechischstämmige Mykener, deren Machtzentren auf dem Peloponnes liegen, nach Kreta vor. Das wahrscheinlich durch Naturkatastrophen oder Seuchen geschwächte minoische Reich erliegt ihnen, ohne dass es zu einer großen Entscheidungsschlacht kommt. Die mykenische Kultur prägt fortan Kreta und die Ägäis für etwa 300 Jahre. Im 12. Jh. v. Chr. erlischt auch die mykenische Kultur. In den folgenden drei Jahrhunderten wandern die griechischen Stämme der Dorer und Ionier von Nordwesten her aufs griechische Festland und in die Inselwelt ein; Kreta wird von Dorern besiedelt. Weil man bisher nur wenig über diese Zeit zwischen etwa 1100 und 700 v. Chr. weiß, nennt man sie auch die »Dunklen Jahrhunderte«.

Griechische und römische Zeit

Um 700 v. Chr. ist in Griechenland ein Geflecht von Stadt- und Inselstaaten entstanden, das jene kulturelle Höchstleistungen erbringt, die nach 480 v. Chr. in die Epoche der griechischen Klassik münden. Kreta und seine Stadtstaaten spielen nur eine Nebenrolle. Erst mit der Eroberung der Insel durch die Römer im Jahr 67 v. Chr. gewinnt die Insel wieder an Bedeutung. Sie wird zur eigenständigen römischen Provinz mit Górtis als Hauptstadt. Der Apostel Paulus besucht sie im Jahr 59 und setzt hier seinen Schüler Titus als ersten christlichen Bischof Kretas ein.

Byzantinische und venezianische Zeit

Nach der Teilung des Römischen Reichs im Jahr 395 wird Kreta wie ganz Griechenland Teil des von Konstantinopel (heute Istanbul) aus regierten Oströmischen Reichs, das sich zum Byzantinischen Reich entwickelt. Zwischen 824 und 961 üben de facto aber muslimische Araber aus Nordafrika die Kontrolle über Kreta aus und richten verheerende Zerstörungen an. Nach der Rückeroberung Kretas im Jahr 961 durch den späteren byzantinischen Kaiser Nikefóros Fókas blüht Kreta wieder auf, zahlreiche byzantinische Kirchen und Klöster entstehen. 1204 erobern Venedig und die Teilnehmer des Vierten Kreuzzugs Konstantinopel. Das Byzantinische Reich wird stark geschwächt, Griechenland und die ägäische Inselwelt werden unter Venedig und den Kreuzrittern aufgeteilt. Kreta fällt für die nächsten 465 Jahre an die Dogenrepublik.

Geschichte, Gegenwart, Zukunft

Osmanische Zeit
Zwischen 1645 und 1669 erobern die Türken ganz Kreta. Immer wieder flackert kretischer Widerstand gegen sie auf. Während sich Teile des Festlands und der ägäischen Inseln durch einen Freiheitskampf 1821–1828 der osmanischen Herrschaft entledigen und zum Grundstock des neugriechischen Staates werden, bleibt Kreta noch bis 1898 türkisch. Dann wird es durch den Einfluss der Großmächte selbständig. Die Kreter aber fordern den Anschluss an das befreite Griechenland. Nach griechischen Siegen gegen die Türkei in den Balkankriegen wird er der Insel 1913 endlich gewährt.

Weltkrieg und Militärdiktatur
Im Ersten Weltkrieg bleibt Griechenland weitgehend neutral. Im Zweiten Weltkrieg besetzen von 1941 bis 1944 deutsche und italienische Truppen die Insel. Viele Kreter gehen als Partisanen in die Berge. Bei Racheakten der Deutschen werden ganze Dörfer ausgelöscht und Tausende von Zivilisten ermordet. Danach tobt bis 1949 ein blutiger Bürgerkrieg in Griechenland und auf Kreta, den die bürgerliche Partei mit Unterstützung Großbritanniens und der USA gewinnt.

Zwischen 1967 und 1974 kommt es nach Jahren labiler Demokratie zu einer blutigen Militärdiktatur. Erst danach entwickelt sich eine moderne Demokratie mit den beiden Volksparteien Néa Dimokratía (konservativ) und PASOK (sozialdemokratisch).

Griechenland unter Sparzwang
Mit dem Beitritt zur EU 1981 und der Einführung des Euro als Landeswährung 2002 ist Hellas ein wenig mehr zum modernen Staat westlicher Prägung geworden, obwohl der 2010 nur durch Intervention der EU und des Internationalen Währungsfonds verhinderte Staatsbankrott viele Mängel im System wie Vetternwirtschaft, Korruption, veraltete Industrie, aufgeblähter Beamtenapparat aufgezeigt hat.

Die 2010 eingeleiteten Sparmaßnahmen wie Erhöhung des Renteneintrittsalters, Kürzung von Renten, Gehältern und staatlich festgelegten Mindestlöhnen, Steuererhöhungen und Stelleneinsparungen treffen freilich überwiegend die unteren Einkommensschichten.

Der venezianische Löwe erinnert vielerorts an Venedigs Herrschaft auf Kreta

Übernachten

Auf Kreta werden über 270 000 Fremdenbetten vermietet. Pensionen und kleine Apartmenthäuser stehen in nahezu allen Küstenorten. Selbst in vielen Bergdörfern gibt es mittlerweile zumindest einfache Unterkünfte, die sich durchaus für eine Zwischenübernachtung eignen. Luxushotels konzentrieren sich auf die Nordküste. Gute Mittelklassehotels sind an den meisten Stränden im Norden zu finden.

Besonders romantische **Stadthotels** in alten venezianischen Häusern sind in Réthimno und Chaniá zahlreich. Urlaub in kleinen Dörfern im Binnenland und in den Bergen vermitteln die staatliche Organisation **Agrotravel** (www.agrotravel.gr) und die private, besonders engagierte und empfehlenswerte Organisation **Guest Inn** (www.guestinn.com).

Buchung und Preisvergleiche

Die Übernachtungspreise sind stark saisonabhängig. Absolute Hauptsaison ist an den Küsten die Zeit zwischen dem 1. und dem 20. August, wenn traditionell fast alle Griechen Urlaub machen. Als Vor- und Nachsaison gelten April, Mai und Oktober. In den Bergdörfern sind die Übernachtungspreise an Winterwochenenden am höchsten.

Größere Strandhotels sind fast immer über Reiseveranstalter preisgünstiger zu buchen als individuell. Da viele Hotels oft von mehreren Veranstaltern angeboten werden, kann sich ein Preisvergleich lohnen, z. B. im Internet unter: www.reise-preise.de,

www.expedia.de/preisvergleich, www.reisen.de/preisvergleich.

Hotel-Portale bieten Stadthotels häufig unter dem Preis an, der im Hotel direkt zu zahlen wäre. Wer individuell reist, findet außer im Juli und August überall leicht ein freies Zimmer, wenn er in seinen Ansprüchen flexibel ist.

Um Hotelpreise zu recherchieren, bieten sich die Buchungsportale großer Veranstalter an, z. B.:
www.attika.de,
www.dertour.de,
www.neckermann-reisen.de,
www.tui.de.

Vor allem für den Städteurlaub ideal sind die Portale großer Hotel-Broker, die oft besonders kundenfreundliche Stornierungsbedingungen bieten:
www.booking.com,
www.hotel.de,
www.hrs.de.

Offizielle Kategorien

Alle griechischen Beherbergungsbetriebe werden vom Staat klassifiziert. Die Kategorien reichen bei Hotels von Luxus über A bis E hinunter, bei Pensionen und Apartments von A bis C. Diese Kategorien werden verliehen nach der Zimmergröße, der Einrichtung und den Zusatzangeboten der Hotels und Pensionen. Die Preise sind saisonabhängig; die Saisonzeiten allerdings nicht selten von Quartier zu Quartier unterschiedlich. Bei geringer Nachfrage räumen fast alle Hoteliers und Vermieter großzügige Rabatte auf die genehmigten Höchstpreise ein. Sie können bis zu 40 oder gar 50 % betragen. Für die Alleinbenutzung eines Doppelzimmers werden in der Regel etwa 20 % Ermäßi-

Übernachten

gung gewährt, für ein Zustellbett muss man ca. 20 % Aufschlag zahlen.

Pensionen, Studios, Apartments und Ferienhäuser

Etwa ein Drittel des Fremdenbettenangebots entfällt auf Pensionen sowie Privatzimmer und Apartments. Unterschieden wird zwischen *domátia* (Zimmern), *gazoniéres* (Studios mit Spüle, Kühlschrank und einfacher Kochgelegenheit) sowie *diamerísmata* (Apartments mit Vollküche). Die Preise sind in der Regel günstiger als für vergleichbare Hotelzimmer – und die Vermieter meist herzlicher. Feste Wechseltage gibt es – anders als in Skandinavien oder Deutschland – für Studios und Apartments nicht. Bettwäsche, Handtücher und Toilettenpapier werden gestellt, nur Seife muss man meist selbst kaufen. Auch die Küchenausstattung ist mit der in nordeuropäischen Ferienwohnungen nicht zu vergleichen. Sie fällt meist äußerst dürftig aus, Töpfe und Besteck sind fast immer billig eingekauft. Endreinigungsgebühren fallen in griechischen Ferienwohnungen und Ferienhäusern grundsätzlich nicht an, auch der Stromverbrauch wird nicht individuell abgerechnet.

Frei stehende Ferienhäuser wie in Dänemark oder in der Toskana werden auf Kreta nur in geringer Zahl angeboten. Auch Ferienhausvermieter haben meist nur Apartments oder bestenfalls Reihenbungalows im Portfolio.

Größere Anbieter von Studios, Apartments und Ferienhäusern sind z. B.:
www.atraveo.de,
www.ferienhausmiete.de,
www.fewo-direkt.de,
www.jassu.de,
www.kreta.com.

Camping und Jugendherbergen

Etwa 15 Campingplätze verteilen sich über die gesamte Insel. Wildes Zelten ist offiziell verboten. Ausführliche Informationen über die Plätze finden Sie in einschlägigen Campingführern und im Internet z. B. unter www.camping.gr.

Schöne private Jugendherbergen gibt es im Sommer in Plakiás und Mírthios an der Südküste.

Hotel in der Damnióni-Bucht bei Plakiás

Essen und Trinken

Zweierlei Tellermanie

Den vom Lieblingsgriechen daheim gewohnten Akropolis-Teller sucht der Reisende in kretischen Restaurants vergeblich. Hier gilt es, sich auf kulinarische Entdeckungsreisen jenseits von Bauernsalat, Souvláki-Spieß und Moussaká zu begeben. Einfache Tavernen in den Bergdörfern sind dazu ebenso gut geeignet wie urige Marktlokale und trendige Feinschmeckerrestaurants in den Städten.

Wer Kreter in Tavernen beobachtet, versteht schnell, wie jene deutsch-griechischen Teller einst zustande kamen. Kreter gehen ungern allein oder in trauter Zweisamkeit zum Essen aus, sondern scharen zum Mahl gern viele Freunde oder Verwandte um sich. Dann werden möglichst viele verschiedene Gerichte für alle gemeinsam geordert. Der Kellner stellt eine Vielzahl von unterschiedlich gefüllten Tellern mitten auf den Tisch. Jeder in der Tafelrunde nimmt sich, wovon und so viel er mag. Das liefert die Erklärung für die Tellermanie der griechischen Wirte im Ausland: Da in Mitteleuropa jeder Gast schön brav für sich allein nur einen Teller pro Kopf bestellt, packt ihm sein Gastgeber möglichst viel Verschiedenes auf diesen einzigen Teller, damit er die übliche griechische Vielfalt des Essens genießen kann!

Typisch kretisch

Der ideale Ort, möglichst viele Leckereien kennenzulernen, sind in ganz Hellas die **Oúzeri** und das **Mezedopolío.** *Mezédes* ist der Sammelbegriff für jede Zusammenstellung von verschiedenen Gerichten, die für alle gemeinsam auf den Tisch kommen – in Oúzeri und Mezedopolío oft auf kleineren Tellern, damit viele verschiedene Gerichte gegessen werden können. Auf Kreta nennen sich Lokale dieses Typs nach dem kretischen Nationalschnaps Rakí auch **Rakádiko.**

Zu Mezédes kann alles werden, was Küche und Garten zu bieten haben. Oliven, Gurkenscheiben und Tzazíki als kleine Naschereien ebenso wie Schnecken, Lammleberstückchen oder kretische Landbratwurst. Kleine Fischlein, die mit Kopf und Schwanz verzehrt werden, sind ebenso typische *mezedákia* wie gefüllte Zucchiniblüten und Weinblätter, Miesmuscheln oder das rötliche Fischeierpüree *taramá* und das mit viel Öl und Zwiebeln servierte, gelbliche Platterbsenpüree *fáva.* Fleisch, Edelfische und Krustentiere bestellt die Tischgemeinschaft häufig zusätzlich nach Gewicht: 3 kg Lammkoteletts und 2 kg Rotbarben zum Beispiel.

Wie und wann?

Vielen Kretern genügt eine Tasse Kaffee oder ein Glas heiße Milch zum **Frühstück,** in die Brot oder Zwieback eingetunkt wird. Die Hotels haben sich

Couvert: In allen kretischen Speiselokalen von der einfachsten Taverne bis zum Luxusrestaurant wird pro Gast ein Fixbetrag in Rechnung gestellt, der sich *couvert* nennt. Man muss ihn zahlen, ganz gleich, ob man nur einen Salat oder ein üppiges Menü isst. Manchmal werden fürs Couvert nur 30 Cent verlangt, manchmal aber auch 4 Euro.

Essen und Trinken

Gemüse, Oliven, Käse, Brot – die traditionelle Küche Kretas gilt als die gesündeste Europas

aber auf mitteleuropäische Gewohnheiten eingestellt und bieten in der Regel recht gute Frühstücksbuffets. In Badeorten kann man außerdem den ganzen Tag über in Cafés und Tavernen ein englisches Frühstück oder auch typische griechische Zwischenmahlzeiten wie Jogurt mit Honig und Nüssen bestellen. Das Mittagessen nehmen Griechen meist erst gegen 14 Uhr ein. Die Tavernen öffnen dennoch schon gegen 11 Uhr und bleiben traditionell bis weit nach Mitternacht durchgehend geöffnet. Hauptmahlzeit für die Griechen ist das Abendessen. Kreter nehmen es im Sommer meist erst abends nach 21 Uhr ein.

Süßes und Hochprozentiges

Nicht nur die Statistik zeigt, dass die Griechen zu den schwergewichtigsten Völkern Europas gehören. Ein Grund: sie essen gern süß. Der ideale Ort dafür ist das **Zacharoplastío**, die griechische Variante der Konditorei. Dort gibt es westliche Creme- und Sahnetorten ebenso wie orientalisches Gebäck à la *kataífi* und *baklavá*. Ein Gedicht sind die mit leichtem Grieß-Vanillepudding gefüllten Strudelteigtaschen *bugátsa* und *loukoumádes*, in heißem Fett ausgebackene Teigbällchen, die mit Honig und Sesam serviert werden. Das **Kafenío** (Kaffeehaus) hingegen ist traditionell der Treffpunkt der Männerwelt. Hier wird vor allem Kaffee oder Rakí getrunken und endlos Karten oder Távli (eine Art Backgammon) gespielt. Zu essen gibt es meist nichts.

Allerweltsgetränke internationaler Provenienz sind überall erhältlich. Häufig wird **Wein** vom Fass *(chimá)* angeboten, auch die Auswahl an kretischen Flaschenweinen ist groß.

Kretisches Nationalgetränk jedoch, das Reisenden in Dörfern auch gern schon am Vormittag kredenzt wird, ist der auch *tsigoudiá* genannte **Rakí**. Er wird aus der Traubenmaische ohne Zusatz von Kräutern und Gewürzen gebrannt, gleicht einem einfachen italienischen Grappa.

Reiseinfos von A bis Z

Anreise

Mit dem Flugzeug

Kreta besitzt drei Verkehrsflughäfen: Iráklio, Chaniá und Sitía. Im Charter- und Low-Cost-Verkehr werden Chaniá und Iráklio zwischen April und November direkt von fast allen Flughäfen in den deutschsprachigen Ländern angeflogen. Direkte Linienverbindungen gibt es nicht. Die Flugzeit nach Iráklio beträgt ab Berlin ca. 195 Min., ab Paderborn ca. 210 Min., ab München ca. 175 Min.

Wer per Linie anreist, muss in Athen umsteigen. Von dort fliegen Olympic Air, Aegean Airlines und Athens Airways ganzjährig mehrmals täglich nach Chaniá und Iráklio. Außerdem verbindet Olympic Athen dreimal wöchentlich direkt mit Sitía. Weitere Verbindungen bestehen ab Iráklio mit verschiedenen Airlines u. a. nach Rhodos, Santorin, Kos, Mykonos und Thessaloníki.

Mietwagen können bei mehreren Gesellschaften in den Flughäfen von Iráklio und Chaniá gemietet werden, in Iráklio außerdem Motorräder und Mopeds. In beiden Flughäfen gibt es auch Bankschalter sowie ständig zugängliche Bargeldautomaten.

Flughafen Iráklio: 5 km östlich der Stadt. Linienbusverbindung ins Zentrum und zum Fernbusbahnhof zwischen 5 und 23 Uhr alle 5–10 Minuten, Abfahrt direkt vor dem Terminal (ca. 1,10 €). Taxitarife in andere Orte sind am Taxistand angeschlagen. Bus- und Schiffsfahrpläne hängen manchmal am Info-Schalter der EOT in der Ankunftshalle aus.

Flughafen Chaniá: 14 km nordöstlich der Stadt auf der Halbinsel Akrotíri. Bus-verbindung in die Innenstadt gibt es nur dreimal täglich (7.15, 10.30 und 19.45 Uhr), sonst Taxi (ca. 22 €).

Flugplatz Sitía: 3 km nördlich der Stadt, nur Taxi (ca. 10 €).

Mit der Fähre

Fähren von Italien nach Kreta gibt es nicht. Wer das eigene Fahrzeug mitbringen will, reist per Fähre von Italien nach Pátra auf dem Peloponnes und nimmt dann eine Kreta-Fähre ab Piräus.

Einreisebestimmungen

Ausweispapiere: Für EU-Bürger und Schweizer genügt ein gültiger Personalausweis. Kinder bis 12 Jahre benötigen einen Kinderreisepass, ältere einen Reisepass. Frühere Kinderausweise behalten bis zum Ablauf ihre Gültigkeit.

Haustiere: Für Hunde benötigt man den EU-Heimtierausweis, ein eingepflanzter Mikrochip ist Pflicht.

Zollbestimmungen: Waren zum persönlichen Gebrauch können EU-Bürger zollfrei mitführen; bis zu 800 Zigaretten, 90 l Wein, 10 l Schnaps sind daher frei. Für Schweizer Bürger (und bei Duty-Free-Waren) gelten jedoch die alten Grenzen: 200 Zigaretten und 1 l Spirituosen über 22 % Alkohol.

Feiertage

1. Jan.: Neujahr *(protochrónia)*
6. Jan.: Taufe Christi *(epiphanía)*
Rosenmontag *(káthari déftera)*: 3. März 2014, 23. Feb. 2015, 14. März 2016
25. März: Nationalfeiertag; Mariä Verkündigung *(evangelismós)*

Reiseinfos von A bis Z

Karfreitag *(megáli paraskévi):* 18. April 2014, 10. April 2015, 29. April 2016
Ostermontag *(páska):* 21. April 2014, 13. April 2015, 2.Mai 2016
1. Mai: Tag der Arbeit *(protomáia)*
15. Aug.: Mariä Entschlafung *(kímissis tís theotókou)*
28. Okt.: Nationalfeiertag
24. Dez.: Heiligabend *(paramóni christoujénnon),* ab Mittag
25. Dez.: Weihnachten *(christoujénna)*
31. Dez.: Silvester *(vrádi tis protochrónias)*

Feste und Festivals

Karneval
Am Karnevalswochenende werden viele Tavernen bunt dekoriert, man geht mit Freunden und der Familie aus. In Réthimno findet am Karnevalssonntag ein großer Karnevalsumzug statt. Am Rosenmontag zieht fast alle Kreter zum Picknick in die Berge oder an den Strand. Spontan trifft man sich zu Lýra-Musik und Tanz und lässt Drachen steigen.

Karfreitag
Vormittags wird in allen Kirchen der Epitáphios, das symbolische Grab Christi, von Mädchen und Frauen mit Blumen geschmückt. Nach dem Abendgottesdienst wird der Epitáphios gegen 21 Uhr in feierlicher Prozession durch das Dorf getragen.

Ostern
Ostersamstag: Gegen 23 Uhr gehen nahezu alle Kreter zur Kirche. Kurz vor Mitternacht verlöschen in der Kirche alle Lichter bis auf das Ewige Licht einer Öllampe, dann verkündet der Priester die Auferstehung Christi und entzündet eine Kerze am Ewigen Licht. Alle Kirchgänger entzünden nacheinander ihre Kerzen daran, Kinder und Jugendliche lassen Silvesterknaller explodieren.
Ostersonntag: Am Ostersonntag werden Lämmer und Zicklein am Spieß gegrillt, man feiert mit Freunden und der oft von weither angereisten Familie.

Mariä Entschlafung (Kímissis tís Theotókou)
Am 15. August, dem Tag, an dem Maria starb und Jesus die Seele seiner Mutter gen Himmel trug, feiert ganz Griechenland. Oft beginnen Musik und Tanz auf den Dorfplätzen schon am Vorabend. In dieser Zeit werden zahlreiche kulturelle Veranstaltungen organisiert.

Kirchweihfeste
Jeweils am Patronatstag des Heiligen, dem die Hauptkirche im Dorf oder Stadtteil geweiht ist, werden *Panigíria* begangen. Manchmal besteht solch ein Fest nur aus einem Gottesdienst, an den sich gelegentlich eine Prozession mit der Patronatsikone anschließt. Häufig werden am Vorabend und am Festtagsabend selbst Musik und Tanz auf dem Dorfplatz organisiert.

Nationalfeiertage
Evangelismós: 25. März. Gedenken an den Beginn des griechischen Befreiungskampfes gegen die Türken 1821. In Städten und vielen Dörfern ziehen Prozessionen zum örtlichen Gefallenendenkmal. Interessanter als Polizisten, Soldaten und kirchliche Würdenträger sind dabei die jüngeren Schüler, die zu diesem Anlass Nationaltracht tragen.
Óchi-Tag: 28. Oktober. An diesem Tag gedenkt man des »Großen historischen Neins«, das 1940 die Antwort des griechischen Diktators Metaxás auf ein Ultimatum Mussolinis war. Daraufhin überfielen italienische Truppen Griechenland, das dadurch in den Zweiten Weltkrieg eintrat. In Iráklio finden an

Reiseinfos von A bis Z

diesem Tag Militärparaden statt, anderswo Prozessionen zu den Gefallenendenkmälern.

Festivals

Kultur-Sommer in Iráklio: Im Rahmen dieses Festivals finden von Juni bis September zahlreiche Theateraufführungen und Konzerte statt. Ein Schwergewicht liegt auf der antiken Tragödie.
Renaissance-Festival in Réthimno: Ende August/Anfang September finden in der venezianischen Burg Fortezza zahlreiche Theateraufführungen und Konzerte statt. Im Mittelpunkt steht dabei zwar die Kunst der Renaissance, aber auch moderne griechische Musik und die Folklore werden berücksichtigt.
Anógia-Festival: In den ersten zwei Wochen im August feiert das große Bergdorf Anógia ein auf ganz Kreta beachtetes Festival, in dessen Mittelpunkt die kretische Musik und der kretische Tanz stehen. Auf dem Rathausplatz finden Wettbewerbe für Lýra-Spieler, Gesang und Tanz statt.

Fundbüro

Es gibt kein zentrales Fundbüro. Dinge werden dort aufbewahrt, wo sie verloren oder vergessen wurden.

Geld

Währung ist der Euro (€), der hier *Ewró* heißt, die Untereinheit nennt man hier statt Cent auch Leptá. Abhebungen mit der Maestro-Karte oder Kreditkarten sind an den meisten Geldautomaten der Banken möglich. In Restaurants und Hotels der gehobenen Kategorien werden Kreditkarten meist akzeptiert (vor allem Visa und Mastercard), in Tavernen und Pensionen nur selten.

Gesundheit

Die Erstbehandlungen in akuten Notfällen ist in den staatlichen Krankenhäusern kostenlos, man zahlt nur Medikamente und Material. Die Ärzte sprechen meist Englisch, nicht immer aber die Schwestern. Die Behandlung bei niedergelassenen Ärzten muss man bar oder per Kreditkarte bezahlen, gegen Quittung (auf Englisch) erstatten die deutschen Krankenkassen diese Kosten in Höhe ihrer Regelsätze.

Die European Health Insurance Card der gesetzlichen Krankenversicherungen wird nur von den wenigen Kassenärzten akzeptiert. Der Abschluss einer **Auslandskrankenversicherung** ist ratsam, um sich gegen Risiken wie Krankenhausaufenthalt oder einen notwendigen Rücktransport abzusichern. Jedoch sollte man nach der Höhe einer Selbstbeteiligung fragen.

Informationsquellen

Griechische Zentrale für Fremdenverkehr (EOT)
60311 Frankfurt/M.
Neue Mainzer Str. 22, Tel. 069 257 82 70, info@visitgreece.com.de
1010 Wien
Opernring 8, Tel. 01 512 53 17, grect@vienna.at

Touristeninformation auf Kreta

Büros der Griechischen Zentrale für Fremdenverkehr gibt es in Iráklio, Réthimno und Chaniá, städtische Auskunftsbüros in Ágios Nikólaos, Paleochóra und Sitía. Adressen bei den jeweiligen Ortsbeschreibungen. Angesichts der Wirtschaftskrise ist eine zumindest saisonale Schließung der Büros jederzeit möglich.

Reiseinfos von A bis Z

Im Internet

Länderkennung Griechenland: gr

www.griechische-botschaft.de:
Der Online-Informationsdienst der Presseabteilung der Griechischen Botschaft in Berlin hält interessante Kurzmeldungen aus Politik, Wirtschaft und Kultur bereit.

www.in-greece.de, www.kretatreff.de: Gute Chat-Foren für alle Griechenland- und Kreta-Fans.

www.cretanbeaches.com: Beschreibung und Bewertungen von etwa 350 kretischen Stränden, viele Fotos, wird auch als kostenlose App angeboten.

www.west-crete.com: Gute deutsche und englische private Website mit vielen Infos speziell zu West-Kreta.

www.visitgreece.gr: Offizielle Website der Griechischen Zentrale für Fremdenverkehr.

www.culture.gr: Brauchbare Seite des griechischen Kultusministeriums. Hier finden Sie ausführliche Infos (mit Fotos) zu nahezu allen Museen und Ausgrabungsstätten der Insel und meist auch Öffnungszeiten und Eintrittspreisen.

www.griechenland.net: Website der wöchentlich in Athen erscheinenden, deutschsprachigen Griechenland Zeitung.

www.radio-kreta.de: Sehr gute kommerzielle Website mit vielen auch touristisch interessanten Tages-News, viele Links. Dazu Livestream-Internet-Radio auf Deutsch.

www.cretetv.gr: Live-Stream des kretischen Fernsehsenders Kriti TV und des Radioprogramms Radio 984.

Kinder

Tipps für die Reiseplanung

Kretische Ärzte verschreiben schon bei kleinen Wehwehchen schnell Antibiotika oder Cortison. Wenn Sie die nicht sonderlich schätzen, nehmen Sie besser ihre homöopathischen Hausmittel von zu Hause mit. Sonnenmilch ist in Hellas teuer, kaufen Sie also genug davon ein. Da der Sand schnell glutheiß wird, sind Badeschuhe oder Sandalen dringend zu empfehlen. Stechmücken und Wespen machen auch vor griechischen Inseln nicht Halt: Insektenschutzmittel und ein mitgebrachtes Moskitonetz für die Kleinen erweisen sich da als nützlich. Windeln und Babynahrung internationaler Marken sind in den großen Supermärkten und in teureren Apotheken erhältlich. Frische Kuhmilch ist überall auf Kreta zu bekommen.

Essen gehen

In Hotelrestaurants stehen Hochstühle für Kleinkinder bereit. In Tavernen sind sie eher die Ausnahme. Spezielle Kinderkarten sind selten, doch überall kann man mit dem Kellner reden und für die Kleinen eine halbe Portion zum halben Preis bestellen. Außerdem hat kein Wirt etwas dagegen, wenn der Nachwuchs vom Teller der Eltern mitisst. Oft bringt der Kellner sogar von selbst einen leeren Extra-Teller. Das richtige Essen für die Kinder zu finden fällt nicht schwer. Spaghetti, Pommes frites und Hamburger sind allgegenwärtig.

Ermäßigungen: Für Zustellbetten dürfen Hotels bis zu 20 % des Zimmerpreises erheben. In der Metro und allen Bussen fahren Kinder unter 6 Jahren kostenlos. Schüler und Studenten zahlen den vollen Fahrpreis. Schüler und Studenten aus EU-Ländern haben zu allen staatlichen Museen und zu allen Ausgrabungsstätten bei Vorlage eines entsprechenden Ausweises freien Eintritt.

Reiseinfos von A bis Z

Unternehmungen

Für Kinder wird auf Kreta einiges geboten. Es gibt einige große Spaßbäder mit Riesenrutschen, in mehreren Städten kann man Fahrten mit der Pferdekutsche unternehmen. In zahlreichen Orten stehen Mini-Züge auf Gummirädern für Rundfahrten bereit, es gibt Reitmöglichkeiten auf Ponys und Eseln.

Im Hafen von Réthimno liegen wie Piratenschiffe aussehende Ausflugsboote, von Chaniá aus kann man Fahrten mit dem Glasbodenboot unternehmen.

Schlafenszeiten

Die meisten Kreter sind ausgesprochen kinderfreundlich und lassen die Kleinen ganz einfach am Leben der Erwachsenen teilhaben. Sie dürfen bis Mitternacht wach bleiben und auf öffentlichen Plätzen herumtollen oder Fußball spielen. Dafür schlafen oder ruhen sie dann mittags, wenn die Sonne am heißesten und die UV-Strahlung am gefährlichsten ist. Diesen Rhythmus sollte man im Urlaub übernehmen.

Klima und Reisezeit

Für einen Badeurlaub sind die Monate Mai bis Oktober am besten geeignet. Auch im November und Anfang Dezember ist das Meer noch über 20 °C warm, aber im November muss man schon mit sechs, im Dezember mit zehn Regentagen rechnen.

Der regenreichste Monat ist mit zwölf Regentagen der Januar. Schnee fällt in den Bergen Kretas zwischen Dezember und März. Auch an der Küste kann es schneien, dort bleibt der Schnee allerdings maximal nur drei bis vier Tage liegen. Höhenlagen über 2000 m hingegen sind oft von Dezember bis in den Mai hinein schneebedeckt.

Klimadiagramm Iráklio

Wer viel wandern oder radeln möchte, kommt am besten in der zweiten Aprilhälfte oder im Mai, wenn die Natur in Blüte steht. Zum Überwintern sind die Orte an der Südküste am ehesten geeignet – insbesondere die Stadt Ierápetra.

Keinen einzigen Regentag verzeichnet die Wetterstatistik im Juli und August. Dann werden allerdings mit manchmal bis zu 40 °C auch die höchsten Tagestemperaturen gemessen. Nachts sinkt das Thermometer zwischen Juni und September auf 19–22 °C ab, in den Monaten Dezember bis März auf 9–12 °C.

Öffnungszeiten

Banken: Mo–Do 8–14, Fr 8–13.30 Uhr
Postämter: Mo–Fr 7.30–15 Uhr
Geschäfte: Mo, Mi, Sa ca. 9–14, Di, Do, Fr 9–13.30 und 17–20.30 Uhr
Supermärkte: Mo–Fr 8–22, Sa 8–16 Uhr. **Souvenirgeschäfte:** Tgl. ca. 10–23 Uhr.

Reiseinfos von A bis Z

Organisierte Ausflüge

Eine Tour wird auf ganz Kreta angeboten: die zur berühmten Ausgrabungsstätte Knossós und ins Archäologische Museum von Iráklio mit den einzigartigen Funden aus der Minoer-Zeit. Dieser Ausflug lohnt, denn mit guter Führung hat man von beiden Stätten mehr. Auch die anderen ›Must‹-Ziele wie die Messará-Ebene mit den Stätten von Festós (Phaistos) und Gortys (Gortyn), die Lassíthi-Ebene mit der Zeus-Höhle, zahlreiche Bootstouren zu Stränden und Inseln sowie Ausflüge in die Altstädte von Réthimno und Chaniá werden als Touren mit Führung angeboten.

Rauchen

In allen Verkehrsmitteln, an Flughäfen, in Büros und Geschäften herrscht striktes Rauchverbot. Viele Cafés und Tavernen verfügen über spezielle Raucherräume. Tabakwaren sind geringfügig preiswerter als in Deutschland, Tabak für Selbstdreher ist an allen Kiosken erhältlich.

Reisen mit Handicap

Rollstuhlfahrer haben es in Griechenland schwer. Es gibt nur wenige Hotels mit rollstuhlgerechten Zimmern oder Restaurants mit Behinderten-WCs. Museen sind nur selten auf Rollstuhlfahrer eingestellt, Linienbusse gar nicht.

Sport und Aktivitäten

Baden
Alle kretischen Strände sind öffentlich zugänglich. Privatstrände verbietet das Gesetz. Eine ›Baywatch‹ gibt es nur an besonders gut besuchten Stränden.

Im Rahmen der Wirtschafts- und Tourismuskrise haben viele Hoteliers und andere Dienstleister ihre **Preise** zum Teil um bis zu 50 % gesenkt. Geht es demnächst mit der Wirtschaft wieder bergauf, werden sicherlich auch die Preise wieder steigen. Deshalb wurden solch kurzfristige Preissenkungsaktionen in diesem Führer nicht berücksichtigt.

Sonnenliegen und -schirme werden vor vielen Hotels, Tavernen und Beach Bars vermietet (Schirm plus zwei Liegen meist 5 € pro Tag).

Quallen sind selten, mit Seeigeln muss jedoch auf steinigem Untergrund gerechnet werden. Haie gibt es in Strandnähe nicht. Der im Winter angespülte Tang wird erst Mitte Mai entfernt – früher musste man oft durch meterdicke Tangschichten ins Wasser stapfen. Ein großes Manko der griechischen Strände sind die fehlenden öffentlichen Toiletten. Wo es keine Tavernen gibt, wird leider oft das Umfeld des Strandes zur Kloake – besonders extrem am herrlichen Strand von Préveli.

Auf Kreta kann man auch in mehreren Spaßbädern den Tag verbringen. Sie bieten zahlreiche Pools, Riesenrutschen, ständige Musikbeschallung, Restaurants und Bars. Spaßbäder konzentrieren sich auf die Umgebung von Liménas Chersonísou und Chaniá.

Biking
Kreta ist ein Dorado für Mountainbiker. Zahlreiche gute Stationen bieten nicht nur Miet-Bikes, sondern auch geführte Touren an. Dabei hat man die Wahl zwischen verschiedenen Schwierigkeitsgraden. Am familiengerechtesten sind etwa 40 km lange Tagestouren, bei denen man im Minibus an den in den Bergen

Reiseinfos von A bis Z

Sicherheit und Notfälle

Die Kriminalitätsrate in Griechenland gehört zu den niedrigsten in Europa. Auch auf Kreta braucht man sich vor Raubüberfällen auf offener Straße, Handtaschenraub vom Motorrad aus oder Einbrüchen in Hotelzimmer nicht sonderlich zu sorgen. Taschendiebstahl wird allerdings immer häufiger. Insbesondere in öffentlichen Verkehrsmitteln und bei Großveranstaltungen ist die übliche Vorsicht angebracht.

Wichtige Notrufnummern
Krankenwagen, Polizei und Feuerwehr: Tel. 112; gebührenfrei, Englisch wird fast immer verstanden.
Pannendienst: Tel. 10444
ADAC Athen: Tel. 210 960 12 66
Sperren von Kreditkarten: Tel. 0049 11 61 16, **von Maestro-, Bank- und Sparkassen-Card:** 0049 18 05 02 10 21
Deutsche Botschaft: Tel. 210 728 51 11 www.athen-diplo.de
Österreichische Botschaft: Tel. 210 725 72 70, www.aussenministerium.at/athen
Schweizer Botschaft: Tel. 210 723 03 64, www.eda.admin.ch/athens

gelegenen Ausgangspunkt gebracht wird und dann nur noch überwiegend abwärts fahren muss. Das Begleitfahrzeug bleibt in der Nähe, um bei Problemen zu helfen und Ermüdete aufzunehmen. An diesen Touren (ca. 50 €) können auch Kinder ab ca. 8 Jahre teilnehmen.

Daneben gibt es aber auch herausfordernde Touren auf Schotterpisten im Gebirge. Wer für längere Zeit ein Mountainbike mieten möchte, kann es sich auch ins Hotel oder direkt zum Flughafen bringen lassen. Einfache City- und Tourenräder werden in fast allen Urlaubsorten an der Nordküste vermietet.

Bungeesprünge
Bisher werden Bungeesprünge nur im **Star Beach Water Park** (S. 51) bei Liménas Chersonísou und in der Schlucht von Aradéna angeboten.

Golf
2003 wurde Kretas erster 18-Loch-Golfplatz bei Liménas Chersonísou eröffnet (www.crete-golf.com). Golfunterricht erteilt hier die Deutsche Golf-Akademie unter Volker Stöwesand. Einen 9-Loch-Golfplatz gab es schon vorher auf dem Gelände des Hotels Pórto Eloúnda in Eloúnda.

Reiten
Reitställe gibt es bei Liménas Chersonísou, Mátala, Ágios Nikólaos und Réthimno. Sie bieten überwiegend ein- und zweistündige Ritte über den Strand oder durch grünes Hügelland an. Für einen echten Reiterurlaub auch mit Mehrtagesritten ist die **Horsefarm Melanoúri** in Pitsídia bei Mátala (Níkos und Martina Fasoulákis, Pitsídia, Tel. 28 92 04 50 40, www.melanouri.com) die beste Adresse.

Segeln und Surfen
Gut ausgestattete Wassersportstationen, an denen man Surfboards und Riggs ausleihen und oft auch Unterricht nehmen kann, findet man an allen belebteren Stränden der Nordküste sowie

Reiseinfos von A bis Z

in Vái an der Ostküste. Segelschulen, in denen man den Umgang mit Jollen und Cats üben kann, gibt es vor allem vor den großen Hotels bei Réthimno, Eloúnda und Liménas Chersonísou.

Tauchen

Flaschentauchen ist wie überall in Griechenland nur in bestimmten, von den Archäologen dafür freigegebenen Revieren gestattet. Man hat Angst, Taucher könnten archäologische Unterwasserfunde beschädigen oder stehlen. Tauchschulen, die auch einzelne Dives für erfahrene Taucher anbieten, gibt es sowohl an der Nord- als auch an der Südküste.

Gute Tauchschulen findet man z. B. in Plakiás, Balí, Ádele bei Réthimno, in Fódele und in Liménas Chersonísou. Ein Gesamtverzeichnis aller Tauchschulen und -stationen findet man im Internet unter www.gnto.gr.

Wandern

Kretas Schluchten sind eine Erlebniswelt für sich. Manche sind, wie die Imbrós-Schlucht, sehr einfach von der ganzen Familie zu durchwandern, andere wie die Aradéna-Schlucht erfordern gute Kondition und außerdem Schwindelfreiheit. Bei allen Schluchtenwanderungen besteht für motorisierte Urlauber jedoch das Problem, zum Ausgangsort zurückzukommen; Linienbusreisende müssen oft lange auf einen Bus warten.

Am einfachsten lassen sich Schluchten daher erleben, wenn man sich geführten Wanderungen anschließt. Touren durch die weltberühmte und deswegen völlig überlaufene **Samariá-Schlucht** (S. 106) werden von vielen Reisebüros in ganz Kreta angeboten. Geführte Wanderungen durch andere, teils bisher kaum begangene Schluchten bieten mehrere Spezialbüros an. Ihre Adressen finden Sie bei den Ortsbeschreibungen von Plakiás (S. 89), Réthimno (S. 78) und Vámos (S. 111).

Einmal von West nach Ost durch ganz Kreta verläuft der **Europäische Fernwanderweg E4.** Für den Marsch von Paleochóra im Südwesten nach Káto Zakrós im Osten sollte man mindestens 23 reine Wandertage veranschlagen. Ein Zelt für zumindest gelegentliche Zwischenübernachtungen im Freien ist ebenso unerlässlich wie ein Campinggaskocher und einige Lebensmittelvorräte. Zum Teil sind beträchtliche Höhenunterschiede zu bewältigen, sodass gute Kondition unbedingt notwendig ist. Die Route ist durch Blechschilder, gelb-schwarze Farbpunkte und Pfeile gut markiert.

Informieren kann man sich im Internet unter www.oreivatein.gr oder vor Ort bei den Büros des Bergsteigervereins EOS in Iráklio (Odós Dikeossínis 53, Tel. 28102 276 09, www.climbing-crete.com), in Réthimno (Odós Moátsaou, im ELTA-Gebäude, Tel. 28310 227 10) und in Chaniá (Odós Tzanakáki 90, Tel. 28210 246 47).

Eine dritte Art, Kreta wandernd zu erleben, ist die Teilnahme an einer organisierten Wanderreise innerhalb einer Gruppe. Anbieter solcher Wanderferien mit täglich verschiedenen Touren sind u. a. die Alpinschule Innsbruck (ASI), Krauland, Studiosus und Wikinger (Buchung in Reisebüros möglich).

Wellness

Das Wellness-Angebot auf Kreta beschränkt sich auf einige große Firstclass- und Luxus-Hotels. Gut für den Wellness-Urlaub geeignet sind u. a. zwei Hotelanlagen:

Das **Hotel Aldemar Royal Mare Village** in Anissáras bei Liménas Chersonísou (www.aldemar.gr) bietet ein Thalasso-Spa-Zentrum mit Beauty

Farm, einer Vielzahl von Bäder-, Gymnastik- und Massageformen. Das **Elounda Blue Palace** bei Eloúnda (www.bluepalace.gr) hat einen dreistöckigen Thalasso-Spa-Bereich mit Hamam, Fitnesskursen, Entspannungsprogrammen, medizinischen Bädern und Massagen.

Yoga
An der Südküste zwischen Agía Galíni und Plakías verspürt, wer dafür veranlagt ist, die Wirkung besonderer Kräfte der Erde. Einige Spezialreiseveranstalter ermöglichen das Erlebnis pauschal und bieten in ihren Retreats Yoga und Meditation für Anfänger und Erfahrene. Ausführlich Auskunft gibt's z. B. auf den Webseiten www.kretashala.de, www.yogaplus.co.uk.

In Férma an der östlichen Südküste bietet zudem die Firma Studien-Kontakt-Reisen (www.skr.de) ein ganzes Paket inklusive Ayurveda, Dao Qi Gong und Sin T'ai Do an.

Telefonieren

Auslandstelefonate führt man am günstigsten mit Telefonkarten, die an jedem Kiosk, in vielen Supermärkten und bei OTE-Büros erhältlich sind. Internationale Vorwahlen: D 0049, A 0043, dann die Ortsvorwahl ohne Null, CH 0041. Vorwahl für GR 0030.

Alle Telefonnummern außer Notrufnummern sind zehnstellig. Eine Ortsvorwahl gibt es nicht. Bei Anrufen nach Griechenland wählt man 0030 plus die zehnstellige Rufnummer.

Handys sind weit verbreitet, über die günstigsten Roaming-Partner informiert Ihr Provider. Wer viel telefonieren will, kauft besser eine griechische Prepaid-Karte (vodafone, wind, cosmote u. a.).

Toiletten

Außerhalb der Hotels, Privatzimmer und guten Restaurants lässt der Zustand kretischer Toiletten manchmal arg zu wünschen übrig. Außer in erstklassigen Hotels ist es überall üblich, das Toilettenpapier nicht in die Toilette, sondern in daneben stehende Papierkörbe oder Eimer zu werfen – es taucht sonst nämlich am Strand wieder auf.

Verkehrsmittel

Bus
Linienbusse verbinden die Städte untereinander sowie fast alle Dörfer mit den jeweiligen Bezirkshauptstädten. An den Haltestellen hängen keine Fahrpläne aus, wohl aber an den Busbahnhöfen der Städte. Dort sind auch gedruckte bzw. hektografierte Fahrpläne zum Mitnehmen erhältlich. An Busbahnhöfen kauft man die Fahrkarte im Voraus, ansonsten beim Schaffner im Bus. 100 km Busfahrt kosten ca. 10 €.

Taxi
In allen Städten und Touristenzentren sind Taxen zahlreich. Man unterscheidet zwei Arten von Taxen: Das Taxi mit Taxameter und das ländliche Agoraion *(agoräon)*, in dem der Fahrpreis nach Kilometerzähler berechnet wird. Taxifahren ist relativ preiswert: Pro Kilometer zahlt man bei Überlandfahrten sowie bei Nachtfahrten (0–5 Uhr) in den Städten 1,16 €, bei innerstädtischen Fahrten und Rundfahrten tagsüber 0,66 €. Zuschläge werden für Fahrten von Flughäfen (3,77 €) und Häfen, für Gepäck, für telefonische Bestellung sowie in der Weihnachts- und Osterzeit erhoben. Eine Stunde Wartezeit kostet 10,65 €. Für Tagesausflüge mit dem Taxi kann der Preis frei vereinbart werden.

Reiseinfos von A bis Z

Mietfahrzeuge

Mietwagen werden in allen Städten und Touristenzentren in großer Zahl angeboten. Sonderangebote sind häufig, Rabatte auf Nachfrage leicht zu erzielen. Vollkaskoversicherung wird immer angeboten, deckt jedoch nie Schäden an den Reifen und an der Wagenunterseite ab. Das Mindestalter für Mieter ist meist 23, manchmal nur 21 Jahre.

Mopeds und Motorräder: Mopeds werden in allen Städten und Urlauberzentren vermietet. Für Mopeds und Roller wird ein Auto-Führerschein benötigt, für Motorräder ein Führerschein der jeweiligen Klasse. Wer direkt am Flughafen auf sein Zweirad steigen möchte, kann sich in der Ankunftshalle des Flughafens Iráklio an den folgenden Vermieter wenden: **Motorclub,** Tel. 28102 224 08, www.motorclub.gr.

Verkehrsverhalten

Das kretische Straßennetz ist gut ausgebaut. Allerdings muss man mit einigen Besonderheiten rechnen: Auf Schnellstraßen werden die Standspuren als Fahrbahn genutzt. Man muss immer mit plötzlichen Fahrbahnverengungen, stehenden oder sehr langsamen Fahrzeugen rechnen. Insgesamt sind die Straßen sehr kurvenreich; Kreter schneiden gern die Kurven – also immer ganz rechts fahren und vor unübersichtlichen Kurven hupen! Nach Regenfällen verwandeln sich die meisten Straßen in Rutschbahnen, nach Wolkenbrüchen in Sturzbäche. Äußerste Vorsicht ist dann angebracht. Beim Linksabbiegen von Landstraßen verlässt man sich nicht nur auf den Blinker, sondern benutzt zusätzlich seinen linken Arm wie einen Winker. Im Stadtverkehr stellen Mopeds und Motorräder die größte Gefahr dar, weil sie links und rechts überholen und sich nicht an Einbahnstraßenregelungen halten.

Tankstellen sind etwa 7–22 Uhr geöffnet, in der Regel auch an Sonntagen. Benzin heißt *venzíni,* bleifrei *amólivdi,* Diesel *petrélio.*

Verkehrsregeln

Zulässige Höchstgeschwindigkeit innerorts 50 km/h, auf Landstraßen 90 km/h (Motorräder nur 80 km/h), auf Schnellstraßen 100 km/h, auf Autobahnen 120 km/h. Promillegrenze 0,5 (Motorrad 0,2), Anschnallpflicht auf den Vordersitzen. Helmpflicht für motorisierte Zweiräder. Die Bußgelder sind drastisch, mehr als 0,6 Promille führen zu einer Anklage beim Schnellrichter, was über 700 € Strafe bedeutet.

Der Umwelt zuliebe – nachhaltig reisen

Öko-Tourismus ist auf Kreta schon eher ein Begriff als in vielen anderen Teilen Griechenlands. Der Marketingverband **Guest Inn** (www.guestinn.com) ist Spezialist für alternative Urlaubsquartiere abseits der Küsten, wo der Wirt seine Gäste auf Wunsch auch mit aufs Feld, in den Olivenhain oder zu seinen Tieren nimmt. Geschäfte, die kretische Bio-Produkte anbieten, gibt es inzwischen in jeder Stadt und auch in vielen Urlaubsorten. Die Zahl vegetarischer Restaurants nimmt zu. Kosmetische Produkte aus biologisch angebauten Avocados und Johannisbrot werden in Argiroúpoli (S. 83) bei Réthimno produziert. Eine Glasbläserei, die nur mit Altglas arbeitet, produziert seit vielen Jahren erfolgreich allerlei aus farbigem Glas in Kókkino Chorió bei Vámos (S. 110).

Unterwegs auf Kreta

Kreta ist eine Insel voller Vielfalt. Lange Strände und unwirtliche Steilküsten prägen sie ebenso wie schroffe Hochgebirge und wilde Schluchten, dichte Olivenhaine und immergrüne Nadelwälder. In den Bergdörfern lebt das alte Kreta der Bauern und Hirten. Es gibt viel zu entdecken!

Provinz Iráklio

Iráklio ▶ K/L 3

Kretas Hauptstadt (174 000 Ew.) ist eine angenehme Stadt. Zeichen des Wildwuchses, der 1923 begann und bis zur Jahrtausendwende anhielt, sind zwar noch vielfach zu bemerken. Aber nun haben die Stadtväter das Zentrum der immer noch von ihren 3,5 km langen Mauern aus venezianischer Zeit umgebenen Altstadt verkehrsberuhigt und zahlreiche Straßen in eine große, zusammenhängende Fußgängerzone verwandelt. Der für Urlauber interessanteste Teil der Altstadt erstreckt sich zwischen Hafen, Historischem Museum, Morosíni-Brunnen und Archäologischem Museum. Die Neustadt kann der Urlauber getrost vergessen.

Koúles-Festung [1]
Bis auf Weiteres wegen Renovierungs- und Sicherungsarbeiten geschlossen
Hafenkastell der Venezianer, erbaut im frühen 16. Jh. Dunkle Gewölbe, schöner Blick von den Zinnen. Von der Festung kann man über die mehr als 1 km lange Mole bis zur Hafenausfahrt spazieren.

Historisches Museum [2]
Odós Kalokerinoú, Mo–Sa 9–17 Uhr (Nov.–März 9–15.30 Uhr), Eintritt 5 €, www.historical-museum.gr
Das aus einem Alt- und einem Neubau bestehende Museum zeigt neben zwei Gemälden El Grecos ein 4 x 4 m großes Modell der Stadt Iráklio im 17. Jh., Münzen, historische Fotos, Ikonen, Keramik, moderne Kunst u. v. m.

Kirche Ágios Titos [3] und Loggia [4]
Platía Agiou Titou/Odós 25 Avgoustou, Kirche tgl. 7–12, 17–20 Uhr, Loggia keine Innenbesichtigung möglich
Die Kirche wurde 1872 als Moschee erbaut, 1923 durch den Anbau dreier Apsiden in eine Kirche umgewandelt. Seit 1966 birgt sie die Schädelreliquie des hl. Titus, des noch vom Apostel Paulus eingesetzten ersten Bischofs von Kreta (links vorn in der Vorhalle). Das 1628 fertiggestellte Versammlungshaus des venezianischen Adels, die Loggia, dient heute als Rathaus.

Morosíni-Brunnen [5]
Platía El. Venizélou
Das Wahrzeichen Iráklios und beliebtester Treffpunkt für Verabredungen ist der 1628 erbaute Brunnen mit vier Wasser speienden Löwen.

Marktgasse [6]
Die historische Marktgasse Odós 1866 hat viel von ihrem alten Charme verloren, seit die Händler hier immer weniger Lebensmittel und immer mehr Textilien und Souvenirs anbieten. Trotzdem lohnt ein Bummel durch die etwa 200 m lange Gasse, zumal in der Seitengasse Fotioú noch einige kleine Markttavernen vorhanden sind. Am östlichen Ende der Gasse lädt das städtische Kafenío am venezianischen Bembo-Brun-

Iráklio

nen zur Rast unter Marktbesuchern. Das Brunnenhaus ist osmanisch.

Archäologisches Museum 7
Platía Eleftherías, Info-Tel. 28102 260 92, 2013 galt: Mo 13–20, Di–Sa 8–20, So 8–15 Uhr, Eintritt 5 €
Nach langer Umbau- und Erweiterungszeit wird das Museum bis 2015 sukzessive wieder eröffnet. Einige besonders kostbare Objekte sind zudem in einer kleinen Sonderausstellung zu sehen.

Kazantzákis-Grab 8
Martinengo-Bastion der Stadtmauer, frei zugänglich
Das Grab des größten kretischen Dichters der Neuzeit (1883–1957, Autor von »Aléxis Sorbás«) wird durch ein schlichtes Holzkreuz und einen Stein mit der Inschrift »Ich hoffe nichts, ich fürchte nichts, ich bin frei« markiert. Die griechisch-orthodoxe Kirche hatte dem Dichter ein Grab auf einem Friedhof verweigert, weil er damit ihr Heilsversprechen grundsätzlich in Frage stellte.

Nahe Strände
Ammoudará/Linoperámata (▶ K 3): Ein langer Sandstrand mit vielen Hotels zwischen einem Kraftwerk und der Stadt. Stadtbus 6 ab Platía Eleftherías.
Amnisós (▶ L 3): Sandstrand mit Blick auf landende Flugzeuge. Stadtbus 7 ab Platía Eleftherías.
Katerós (▶ L 3): Sandstrand, nur durch einen Fels von Amnisós getrennt. Großer Parkplatz, Strandbad mit Umkleidekabinen, Volleyballnetz und Beach Bars, die an Sommerwochenenden schon am frühen Nachmittag Beach Parties (Mainstream, House) organisieren. Stadtbus 7 ab Platía Eleftherías.

Quirliges Leben rund um den venezianischen Morosíni-Brunnen

Iráklio

Sehenswert
1 Koúles-Festung
2 Historisches Museum
3 Kirche Ágios Titos
4 Loggia
5 Morosíni-Brunnen
6 Marktgasse
7 Archäologisches Museum
8 Kazantzákis-Grab

Übernachten
1 Réa
2 Sofía
3 Marin Dream

Essen und Trinken
1 Kírkor/Fyllo…sophíes
2 Platía
3 Lígo krassí… lígo thá-
   lassa
4 Herb's Garden/Brillant

Einkaufen
1 Aerákis
2 Bésis
3 Palaiopóleio
4 Dedálou

Ausgehen
1 Envy 2 Mo Club 3 Milk & Sugar

Übernachten

Günstig und zentral – **Réa 1**: Odós Kalimeráki 1/Odós Chandakós, Tel. 28102 236 38, www.hotelrea.gr, DZ ca. 26–46 €, Frühstück 3 € extra. 16 Zimmer, an einer verkehrsberuhigten Straße, sehr freundlicher Wirt.

Pool und Parkplatz – **Sofía 2**: Odós Stadíou 57, Néa Alikarnássos, Tel. 28102 400 02, www.hotel-sofia.gr, DZ ÜF ab 70 €. Ideal für eine Zwischenübernachtungen am Ende der Reise. Nur 2 km vom Flughafen entfernt, Bushaltestelle dorthin 250 m entfernt. Zum dreigeschossigen, familiär geführten Haus gehören 61 Zimmer, Parkplatz (unter vogelreichen Bäumen) und ein mittelgroßer Pool.

Mit Hafenblick – **Marin Dream 3**: Odós Bofor 12, Tel. 28103 000 19, www.marinhotel.gr, DZ im Mai ab 70 €, im August ab 90 €. Modernes Hotel mit 43 Zimmern, die meisten bieten den Blick auf den Hafen, alle verfügen über schallisolierte Fenster; Dachgarten-Restaurant mit Hafenblick.

Essen und Trinken

Für zwischendurch – **Kírkor und Fyllo…sophíes 1**: Platía El. Venizélou.

Die beiden ältesten Lokale am Morosini-Brunnen servieren den ganzen Tag die leckere Blätterteigpastete Bugátsa (2,70 €), gefüllt mit Grießpudding *(kréma)* oder Käse *(tirí)*.

Billig satt – **Platía 2**: Platía Kalalergón 98, tgl. 11–3 Uhr. Die angesagteste Grillstube der Stadt, das Gýros im Píta-Fladen begeistert durch Größe und guten Geschmack (3 €), auch die kleinen Fleischspießchen sind super (1,80 €/Stück). Die Dose Bier dazu gibt's für unter 2 €.

Frisch aus dem Meer – **Lígo krassí… lígo thálassa 3**: Am Kreisverkehr am Fischerhafen, tgl. ab 11.30 Uhr, Hauptgerichte ab 7,50 €, Bio-Weine ab 17 €. Die Top-Taverne der Einheimischen für Fisch und Meeresfrüchte. Zwar etwas chaotisch wirkend, aber wirklich exzellent.

Kreative kretische Gourmet-Küche zu Preisen, die kaum über denen guter Tavernen liegen, bietet Meisterkoch Pétros Kosmadákis im Sommer im **Restaurant Herb's Garden 4** auf dem Dach des Hotels Lató über dem alten venezianischen Hafen. In der kühleren Jahreszeit gilt das gleiche fürs **Restaurant Brillant 4** im Erdgeschoss des Hotels (Odós Epimenídou 5, Tel. 28102 281 03, www.lato.gr, tgl. ab 12 Uhr).

33

Provinz Iráklio

Einkaufen

Lyra & Co. – **Aerákis 1**: Platía Korái 14. Viele griechische CDs, kretische Musik im Eigenverlag, kretische Naturprodukte.

Kretisches Design – **Bésis 2**: Odós Chándakos 31. Líli und María Bésis gestalten Silberschmuck nach eigenen Entwürfen.

Antikes und Trödelkram – **Palaiopóleio 3**: Odós Agíou Títou 52. Ein kleiner Laden voller kretischer Fundstücke wie Münzen, Ikonen, Kleinmöbel, Webarbeiten, Stickereien, Musikinstrumente – dazu ein erzählfreudiger Besitzer.

Wertvolles – **Dedálou 4**: Odós Dedálou 11. Niveauvolle Galerie mit guter Auswahl an antikem Schmuck und echten Ikonen. Der niveauvolle Inhaber Cóstas Papadópoulos hat in der Schweiz Deutsch gelernt.

Ausgehen

Schon tagsüber bestens gefüllt sind die modernen Mainstream-Cafés an und um die **Odós Korái.** Ein leicht älteres, eher alternatives Publikum fühlt sich mehr von den kleineren Pubs, Cafés und Bars in der **Odós Chandakós** angezogen. Diskotheken konzentrieren sich auf das **Tálos Centre** an der Uferstraße Richtung Stadion (Fahrzeug erforderlich).

Hellas rockt – **Envy 1**: Sof. Venizélou (gegenüber Tálos Centre), tgl. ab 19 Uhr. Große Openair-Location mit Pool und Palmen. Griechische Pop-Musik, House und R&B, überwiegend griechische Gäste.

Viele Teenies – **Mo Club 2** und **Milk & Sugar 3**: Sof. Venizélou (östlich des Tálos Centre), tgl. ab 23 Uhr. Zwei benachbarte Music Clubs mit recht jungem Publikum, an Wochenenden gelegentlich Auftritte griechischer Pop-Stars.

Infos

Information: EOT, Platía Eleftherías/ Odós Xanthoulídou 1 (dem Archäologischen Museum gegenüber), Tel. 28102 444 62. Leider kein Aushängeschild für kretische Gastfreundschaft.

Stadtbusse: Linie 1, 6 und 8 von Platía Eleftherías zum Flughafen. Linie 2 vom Busbahnhof A am Hafen und von der Haltestelle Odós 1821/Ecke Odós Kosmón nach Knossós und Skaláni. Linie 6 von Platía Eleftherías nach Ammoudará. Linie 7 von Platía Eleftherías nach Amnissós. Linie 11 vom Busbahnhof A am Hafen zum Flughafen.

Fernbusse: Mit allen Städten Kretas sowie allen Dörfern des Regierungsbezirks Iráklio (Näheres bei den einzelnen Zielorten). Es gibt in Iráklio zwei Busbahnhöfe:

Busbahnhof A: Odós Sof. Venizélou, am Hafen südlich der Uferstraße, Tel. 28102 450 20. Busse nach Archánes, Mália und auf die Lassíthi-Hochebene, nach Fódele und Agía Pelagía sowie zu allen Orten im Osten Kretas. Außerdem Busse nach Georgioúpoli, Réthimno, Chaniá sowie zur Samariá-Schlucht. Gepäckaufbewahrung vorhanden.

Busbahnhof B: Odós Machís Krítis, am Chaniá-Tor, Tel. 28102 559 65. Busse nach Festós und Mátala, Agía Galíni und Léndas.

Flughafen: Alle Busse nach Mália, Ágios Nikólaos, Ierápetra und Sitía halten auch am Flughafen.

Hafen/Fähren: Iraklios Hafen erstreckt sich vor der Altstadt; die großen Autofähren zu den Kykladen, nach Rhodos und nach Piräus und die Kreuzfahrtschiffe legen in der Mitte des neuen Hafenbeckens an. Vom dortigen Fährterminal starten auch die Katamarane zur 110 km entfernten Insel **Santorin** (gr. Thíra; **direkt 1** S. 35). Der Terminal ist etwa 500 m vom Busbahnhof A (s. o.) entfernt. ▷ S. 39

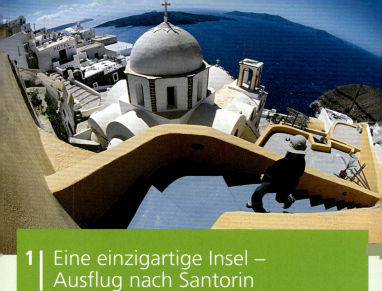

1 | Eine einzigartige Insel – Ausflug nach Santorin

Karte: ▶ Karte 3 | **Dauer:** Schiffsausflug ab Iráklio, ein Tag

Santorin ist Griechenland wie aus dem Bilderbuch. Aus einem weiten Vulkankrater, in den das Meer eingebrochen ist, steigen bis über 300 m hohe Steilwände aus gepresster Asche und Bimsstein auf. Oben auf diesem Kraterrand ziehen sich die weißen Häuser mehrerer Dörfer entlang, sind Häuser und Hotels teilweise in die Kraterwand hineingebaut.

Ankunft im Krater

110 km trennen Iráklio von Santorin, der südlichsten Insel im Archipel der Kykladen. Meist taucht sie nach etwa 70 Minuten schneller Fahrt mit dem Katamaran schemenhaft aus der Ägäis auf. 20 Minuten später passiert das Schiff an Steuerbord den Leuchtturm an Santorins Südspitze, auf Backbord steigt die unbewohnte Insel Aspraníssi aus den Fluten auf. Die Caldera von Santorin ist erreicht, ein gewaltiger ovaler Krater, etwa 10 km lang und über 6 km breit. Bis zu 360 m hohe Steilwände aus Bimsstein, Lava und gepresster Asche leuchten in vielerlei Farbtönen von Grau und Weiß über alle erdenklichen Rot- und Brauntöne bis hin zu dunklem Anthrazit. Auf dem Kraterrand sind weiße Dörfer zu erkennen, bilden die blauen und roten Kuppeln kleiner Kirchen und Kapellen schöne Farbtupfer. Der Katamaran steuert die Südostecke der Caldera an, in der der kurze Kai von Athínios Fähren, Ausflugs- und manchmal sogar Kreuzfahrtschiffen Gelegenheit zum Anlegen gibt. Mietwagen, Taxis und Busse stehen für die Ankömmlinge bereit, winden sich über mehrere Serpentinen in der Kraterwand zum Kraterrand empor.

Die Entstehung der Caldera

Das heute etwa 15 000 Einwohner zählende Santorin war einmal ein gewaltiger Vulkan, der vom Aussehen her viel-

35

Provinz Iráklio

leicht dem Vesuv ähnelte. Vor 3650 Jahren explodierte er bei einem Ausbruch von unvorstellbaren Ausmaßen. Nur noch seine Außenränder blieben – in drei Teile zerbrochen – stehen. Sie bilden heute die bewohnten Inseln Santorin (griech. Thirá) und das viel kleinere, touristisch völlig unbedeutende Thirassía sowie das unbewohnte Asproníssi. In der ehemaligen Inselmitte war eine tiefe Caldera entstanden, in die das Meer einbrach. In der Caldera selbst bildeten sich in nachchristlicher Zeit zwei kleine Lavainseln, auf denen heute noch heiße Dämpfe aufsteigen und heiße Quellen entspringen. Die ehemaligen Hänge des Vulkans zur Ägäis hin behielten weitgehend ihre ursprüngliche Form, wurden aber mit dicken Asche,- Tuff- und Bimssteinschichten überzogen. Sie bieten Platz für viele weitere Dörfer, Wein- und Tomatenanbau. An der offenen Ägäisküste ziehen sich lange Strände entlang. Dunkle Lavakiesstrände wechseln mit feinem Sand ab, manche Strandbuchten wie der White Beach und der Red Beach liegen vor weißen oder roten Asche- und Lavawänden.

Am Kraterrand

Vom **Busbahnhof** 1 der Inselhauptstadt Firá sind es nur 200 m bis zum Kraterrand, an dem sich eine Gasse über 3 km weit bis zu den Ortsteilen Firostefáni und Imerovígli entlangzieht. An ihrem südlichen Ende steht gleich neben dem markanten **Hotel Atlantis** 1, in dem schon Deutschlands erster Bundeskanzler Konrad Adenauer nächtigte, schneeweiß die orthodoxe **Kathedrale** 2 der Insel. Ein einheimischer Maler hat sie innen vollständig im traditionellen Stil ausgemalt. Atemberaubend ist der Blick von hier hinein in die Caldera. Vom Kraterrand aus klettern die Häuser der Santoriner die In-

nenwand des Kraters so weit hinunter, wie es irgend geht, sind teilweise höhlenartig in sie hineingebaut. Auf den Terrassen zahlreicher harmonisch eingepasster Hotels, Cafés, Bars und Restaurants mag man sich wie auf Balkons des Himmels fühlen, scheint manchmal über der bizarren Traumwelt zu schweben. Fähren und Kreuzfahrtschiffe, Segel- und Motoryachten kreuzen zwischen Thirassía, Santorin und den Kaiméni-Inselchen, im Norden sind an klaren Tagen die nächsten Kykladeninseln schwach zu erkennen.

Richtung Norden gleicht die Kraterrandgasse von der Kathedrale aus einem Bazar. Im Sommer drängen sich täglich mehrere tausend Kreuzfahrttouristen. An sie vor allem wendet sich das Angebot der zahlreichen Juweliere. An der wichtigsten **Gassenkreuzung** 3 von Firá führt ein Stufenweg links hinab zum Anleger der Tenderboote, die die Passagiere der in der Caldera an Tonnen festgemachten Kreuzfahrtschiffe an Land und wieder zurück an Bord bringen. Dutzende von Maultieren stehen samt Treibern für den Transport hinauf und hinunter bereit.

Museen in Firá

Die Kraterrandgasse führt nun ein kurzes Stück ohne Caldera-Blick weiter zum **Santozeum** 4. In einer direkt in die Kraterwand hineingebauten Villa werden hier wissenschaftlich autorisierte Rekonstruktionen vieler minoischer Fresken gezeigt, deren Bruchstücke die Archäologen bei den Ausgrabungen in der minoischen Stadt Akrotíri auf Santorin fanden. Sie vermitteln den besten Eindruck davon, welch hohe Kulturstufe seine Bewohner bereits vor 3600 Jahren erreicht hatten. 80 m weiter erreicht man dann das **Archäologische Museum** 5, dessen Besuch sich Tagesbesucher durchaus schenken kön-

1 | Ausflug nach Santorin

nen. Es zeigt überwiegend Funde aus der Siedlung Alt-Thera, dem Inselhauptort im 1. Jt. v. Chr. Dem Museum schräg gegenüber liegt die Bergstation der **Kabinenseilbahn** 6 , die ebenfalls zum 225 m tiefer gelegenen Kai unterhalb des Ortes führt. Ein reicher Reeder schenkte sie seiner Heimatinsel. 20 % der Einnahmen aus dem Seilbahnbetrieb gehen an die Maultiertreiber, denen sie ja Konkurrenz macht.

Nördlich der Seilbahnstation wird es ruhiger auf der Kraterrandgasse. Es gibt zwar noch Tavernen und Cafés, aber kaum noch Geschäfte. Wer ihr etwa 700 m weit bis zur **Platía der Nachbargemeinde Firostefáni** 7 folgt, erlebt Santorin schon fast ohne Kreuzfahrttouristen.

Für den Rückweg ins Zentrum von Firá gibt es keine gute Alternative zur Kraterrandgasse. So viel grandiose Landschaft kann man getrost zweimal erleben. Nach einem Einkaufsbummel durch den Ort bildet ein Besuch des **Prähistorischen Museums** 8 ganz nahe dem Busbahnhof und der Taxistation für archäologisch Interessierte einen krönenden Abschluss des Santorin-Aufenthalts. Es präsentiert auf moderne und anschauliche Art Funde aus der mi-

noischen Stadt Akrotíri, die ihre Glanzzeit zwischen etwa 1700 und 1600 v. Chr. erlebte und durch den großen Vulkanausbruch unter einer bis zu 60 m dicken Ascheschicht begraben wurde.

Akrotíri – von Asche begraben

Anders als in den minoischen Städten und Palastzentren Kretas sehen Sie in Akrotíri nicht nur Grundmauern, sondern zum Teil sehr gut erhaltene, zweigeschossige Hausfassaden. Ein Palastzentrum wie in Knossós fehlt. Das alte Akrotíri scheint eine viel stärker ›bürgerlich‹ geprägte Stadt gewesen zu sein. In den Ruinen der Wohnhäuser fanden die Archäologen keinerlei Skelette und fast gar keine Metallgegenstände: Durch Erdbeben gewarnt, scheinen ihre Bewohner rechtzeitig die Flucht ergriffen zu haben. Ob sie jemals irgendwo ankamen oder ob sie auf ihren Booten einem Tsunami zum Opfer fielen, ist unbekannt.

Vom kleinen Hafen und Lavakiesstrand unterhalb der Ausgrabungen fahren Boote zu den beiden berühmtesten Stränden der Insel, dem **White Beach** und dem **Red Beach.** Wer über Nacht auf Santorin bleibt, hat Zeit genug, sie zu besuchen.

Schiffe nach Santorin

Organisierte Tagesausflüge nach Santorin inklusive Bustransfer auf Kreta und Santorin können in fast allen kretischen Urlaubsorten gebucht werden. Die Katamarane nach Santorin fahren ab Iráklio zwischen Mai und Oktober tgl. um 9.45 Uhr, zurück ab Santorin um 17.55 Uhr. Aufenthalte auf Santorin ca. 6 Std., Rückfahrtticket 112 € (Economy)/130 € (Business).

Auf Santorin unterwegs

Linienbusse verbinden den Athínios-

Hafen mit dem Inselhauptort Firá zu allen Schiffsankünften und -abfahrten. Taxis stehen zu allen Ankünften bereit. Achtung: Bei der Rückfahrt zum Hafen kann es für Taxis zu Wartezeiten kommen!

Mehrere **Mietwagenfirmen** halten zudem am Hafen Fahrzeuge bereit, z. B. **Lignós** (Tel. 22860 336 00, www.lignos-car-rental.gr).

Zu den **Ausgrabungen von Akrotíri** fahren Linienbusse ab Firá; Tagesausflügler kommen aber einfacher und schneller mit dem Taxi dorthin.

Provinz Iráklio

Öffnungszeiten und Preise
Archäologisches Museum Di–So 9–16 Uhr, **Prähistorisches Museum** Mi–Mo 9–16 Uhr, Kombi-Ticket 3 €
Santozeum: Tgl. 10–18 Uhr, 5 €
Ausgrabungen von Akrotíri: Die Öffnungszeiten wechseln häufig. Kernöffnungszeiten sind Di–So 9–15 Uhr, 5 €

Übernachten
Atlantis 1 : Am Kraterrand gleich südlich der Kathedrale, Tel. 22860 221 11, www.atlantishotel.gr, DZ mit Kraterblick Ü/F ab 93 €, HS bis 315 €. Das älteste Hotel der Inselhauptstadt ist qualitativ hochwertig, aber recht altbacken möbliert, der Hotelpool ist winzig. Hier zu wohnen lohnt vor allem wegen des optimalen Kraterblicks.
Kéti 2 : Am Ende der zwischen Hotel Atlantis und Kathedrale beginnenden Stufengasse in der Kraterwand, Tel. 22860 223 34, www.hotelketi.gr. Typisch santorinisches Höhlenhotel zu erschwinglichen Preisen (DZ je nach Saison ab 86–100 €).
Golden Star 3 : An der Straße zum Campingplatz, Tel. 22860 231 91, www.hotelgoldenstar.gr, DZ Ü/F NS ab 35 €, HS ab 85 €. Das familiär geführte, schlicht möblierte Hotel am unteren, kraterfernen Ortsrand von Firá zeichnet sich durch einen für diese Preisklasse sehr großen Pool aus. Wirt Vangélis holt Gäste kostenlos vom Hafen und Flughafen ab und bringt sie auch wieder dorthin zurück.

Essen und Trinken
Ámbelos 1 : Firá, an der Kraterrandgasse gleich nördlich der Kathedrale, tgl. ab 12 Uhr, Hauptgerichte ab 11 €. Das Restaurant auf einer großen Dachterrasse gehört zu den besten im Städtchen. Besonders lecker sind die Rigatoni mit viererlei Käse und Knoblauch (13 €) und die mit Zwiebeln, Petersilie, Fenchel und Karotten gefüllten Kalamares. Vegetarier werden von der Blätterteigpastete *ambelos pie* (11 €) mit grünen Zwiebeln, Dill, Pinienkernen und Parmesan begeistert sein, Fischliebhaber vom in Butter gebratenen Schwertfisch mit Dill und Sardellen (17,50 €).

Knossós ►L 4

direkt 2| S. 40

Archánes ►L 4

Das Weinbauerndorf (3850 Ew.) liegt in einem von Hügeln und dem Joúchtas (811 m) umgebenen Becken, in dem an unzähligen Spalieren vor allem die Rosáki-Tafeltraube angebaut wird. Hier lernt man noch echtes Landleben kennen, kann in mehreren Tavernen exzellent essen, unter anderem an der zentralen Platía.

In minoischer Zeit war Archánes trotz der Nähe zu Knossós eines der bedeutendsten Siedlungszentren der Insel. Davon zeugen die minoischen und mykenischen Kuppelgräber der **Nekropole Foúrni** am Ortsrand (zurzeit geschlossen) und die größtenteils noch unter neuer Bebauung verborgenen Überreste eines minoischen **Palastszentrums** im Viertel Tourkogitoniá. Ein kleines archäologisches **Museum** an der Dorfstraße (Mi–Mo 8–14.30 Uhr) erklärt das Menschenopfer, das in minoischer Zeit in einem kleinen Heiligtum am Berg Joúchtas vollzogen wurde. Busverbindung mit Iráklio Mo–Fr 6.30–21 Uhr stündlich, Sa 9 x, So 3 x (Busbahnhof A am Hafen).

Górtis (Gortyn) ►J 5

Das heute in einem weitläufigen Olivenhain gelegene Gortyn war in römischer Zeit (67 v. Chr. bis 395 n. Chr.) die Hauptstadt Kretas. Sie hatte damals einen Durchmesser von fast 10 km. Der Apostel Paulus besuchte sie im Jahr 59 und setzte hier seinen Begleiter Titus als Bischof ein (Titusbrief im Neuen Testament). Ihre Bedeutung büßte die Stadt erst nach der arabischen Eroberung der Insel im Jahr 824 ein, als Chandax, das heutige Iráklio, zum Machtzentrum Kretas aufstieg.

Das Ausgrabungsgelände wird durch die Straße von Iráklio nach Festós in zwei Hälften geteilt. Die eintrittspflichtige Nordhälfte gehört zum Standardprogramm aller Busgruppen, im frei zugänglichen südlichen Teil liegen die wenig besuchten Ruinen romantisch in einem Olivenhain.

Nördliches Ausgrabungsgelände

April–Okt. tgl. 8–19.30, Nov.–März Di–So 8.30–15 Uhr, Eintritt 4 €
Im nördlichen Teil des Geländes steht die Ruine der Titus-Basilika aus dem 6. Jh. Vom römischen Forum sind nur Spuren erhalten, weitgehend intakt ist das um 100 errichtete Odéon. Hier sind in die Rückwand 42 Steinblöcke mit eingemeißelten Gesetzestexten (5. Jh. v. Chr.) eingefügt. Sie befassen sich u. a. mit Ehe-, Erbschafts-, Scheidungs- und Vermögensrecht. Die Texte zählen insgesamt etwa 17 000 Buchstaben. Die Schrift verläuft abwechselnd von links nach rechts und dann wieder von rechts nach links, also so, ›wie der Ochse pflügt‹. Die Wissenschaftler nennen diese Schreibweise deshalb auf Lateinisch ›Ordo bustrophedicus‹.

Südliches Ausgrabungsgelände

Frei zugänglich. Hier finden Sie die Reste einer frühchristlichen Basilika, zweier Tempel, eines Amphitheaters, römischer Thermen und des Prätoriums, des Amtssitzes des römischen Statthalters.

Infos

Busverbindungen: 9–11 x tgl. mit Iráklio und Míres, 4 x tgl. (So 1 x) mit Festós und Mátala. ▷ S. 43

2 | Mehr als ein minoisches Disneyland – Knossós

Karte: ▶ L 4 | **Dauer:** Archäologischer Spaziergang, 2–3 Std.

Kretas berühmteste Ausgrabungsstätte liegt nur wenige Busminuten von Hafen und City entfernt am Südrand der Inselmetropole. Hier stehen die teilweise sehr anschaulich restaurierten Mauern und Säulen einer über 3500 Jahre alten Palaststadt, die zweifellos das Zentrum des minoischen Kreta war.

Der britische Archäologe Sir Arthur Evans legte das Palastzentrum zwischen 1900 und 1941 frei. Aber es reichte ihm nicht, Grundmauern aus der Erde zu holen. Er ließ Teile des Palastes nach seinen Vorstellungen wieder errichten, einst hölzerne Säulen in Beton nachbilden und rot anmalen, Wände mit Kopien rekonstruierter Fresken schmücken. Manche Wissenschaftler verspotten das heutige Knossós darum als ›Disneyland der Archäologie‹. Die meisten Besucher aber danken es Sir Arthur, dass er ihre Vorstellungskraft unterstützt. Im Museumsshop neben der Kasse ist zudem eine fantasievolle farbige Rekonstruktionszeichnung des Palastzentrums erhältlich, die es so zeigt, wie es vor 3500 Jahren ausgesehen haben könnte. Auf einer Grundfläche von etwa 21 000 m² verteilten sich über 1300 Räume auf zwei bis vier Etagen; schätzungsweise 100 000 Menschen haben hier gelebt und gearbeitet.

Die ersten Schritte im Palast
Am **Westhof** **1** mit seinen drei Vorratsgruben, in denen Tierknochen und tönerne Opferaltäre gefunden wurden, sowie einer Büste von Sir Arthur Evans ist die Bauweise minoischer Großbauten noch recht gut zu erkennen. Die Mauern bestanden aus einem Kalksteinsockel, darüber folgte eine zweischalige Reihe von Gipssteinplatten, die mit Bruchsteinen gefüllt war. Darauf setzte man ein Bruchsteinmauerwerk,

2 | Knossós

das wie Fachwerk durch Holzbalken stabilisiert wurde. Um es eleganter erscheinen zu lassen, wurde es so verputzt, als sei die Mauer aus großen Steinquadern gefügt.

Vom Westhof aus betritt der Besucher über zwei noch original gepflasterte Wege den ehemaligen **Westeingang 2** des Palastes. Eine runde, steinerne Basis trug einst eine Holzsäule von 1,2 m Durchmesser, die das Dach der 12 m breiten Eingangshalle stützte. Solche Säulen waren einst rot gestrichen, wie Darstellungen auf Fayence-Plättchen zeigten.

Hier beginnt ein **Prozessionskorridor 3** . Er führte ursprünglich um die Südfront des Palastes herum: zunächst etwa 27 m in südlicher, dann 45 m in östlicher und schließlich 20 m weiter in nördlicher Richtung. Der heutige Korridor verläuft anders, da große Teile des Originals eingestürzt waren. Den Prozessionskorridor zierten einst 500 Fresken, auf denen eine lange Prozession zu sehen war.

Von den **Südpropyläen 4** , also dem südlichen Torbau, mit seinen fotogen rekonstruierten Säulen, führt eine breite **Freitreppe 5** hinauf ins Obergeschoss, das insgesamt eine Evan'sche Rekonstruktion darstellt. Von ihm aus überblickt man das ganze Gelände sehr gut. Dabei sieht man auch die 21 **Vorratsräume 6** auf der Westseite des Palastes, in denen einst über 500 große Píthoi (bauchige Vorratsgefäße aus Ton) standen. In ihnen wurden wohl Wein und Öl, Getreide und Hülsenfrüchte aufbewahrt.

Um den Zentralhof

Der **Zentralhof 7** , der wie die Höfe aller bisher gefundenen minoischen Paläste nach Nordnordost ausgerichtet ist, diente wohl als Hauptveranstaltungsort für religiöse Feste, darunter vielleicht auch für ein kultisches Stierspringen, bei dem mutige junge Männer und vielleicht auch Frauen einen Handstand-Überschlag auf dem Tier vollführten.

Vom Zentralhof gehen zahlreiche Räume aus. Der sogenannte **Thronraum 8** wurde nach einem schmucklosen, darin gefundenen Alabasterthron benannt. Im Vorraum ist dessen hölzerne Nachbildung zu sehen. Dort steht auch eine große Porphyr-Schale, die wahrscheinlich rituellen Waschungen diente. Um die Wände ziehen sich steinerne Sitzbänke. Im eigentlichen Thronraum sieht man außerdem ein Bassin, das als rituelles Reinigungsbecken (Lustralbad) oder kultische Schlangengrube interpretiert wird. Möglicherweise waren die beiden Räume ein Heiligtum, in dem sich Priester oder Priesterinnen zum Kult versammelten, während der Thron selbst für die Gottheit frei blieb. Auf keinen Fall waren es wohl Räume, auf denen Untertanen auf eine Residenz bei ihrem Herrscher warteten.

An den Thronsaal schließen sich südlich ein **Heiligtum mit dreigeteilter Fassade 9** , die **Schatzkammer 10** und eine **Pfeilerkrypta 11** an. Letztere war vielleicht die Nachbildung eines Höhlenheiligtums, von denen es in der kretischen Bergwelt zu minoischer Zeit eine ganze Reihe gab.

Das **Große Treppenhaus 12** im Wohntrakt des Palastes ist wie so vieles hier eine Evan'sche Rekonstruktion. Sie zeigt aber gut, wie die Minoer mit Hilfe von Innenhöfen und Lichtschächten

Übrigens: Der deutsche Abenteuerarchäologe Heinrich Schliemann führte schon vor Sir Arthur in Knossós eine Probegrabung durch. Einen Ankauf des Geländes lehnte er ab, weil er hier keine bedeutenden Funde vermutete.

Provinz Iráklio

Licht ins labyrinthartige Dunkel brachten. Im **Mégaron des Königs** 13 steht wiederum ein steinerner Thronsessel. Zum **Mégaron der Königin** 14 gehören auch ein Badezimmer mit rekonstruierter Badewanne und ein Boudoir mit einem Wasserklosett.

Verlässt man den Innenhof in nördlicher Richtung, passiert man das sogenannte **Zollhaus** 15 und ein **Wasserbecken** 16, in dem vielleicht rituelle Waschungen wie heute noch vor Moscheen vollzogen wurden (die Archäologen sagen Lustralbad dazu).

Die **Schautreppen** 17 im Nordwesten des Areals boten etwa 500 Menschen Platz. Von hier aus führte eine sogenannte **Heilige Straße** in umliegende Stadtviertel, die nicht zur Besichtigung freigegeben sind.

Infos
Palast: An der Straße von Iráklio nach Archánes, von der Schnellstraße aus leidlich ausgeschildert, tgl. 8–20 Uhr, Jan.–April Mo 12–17, Di–So 8–17 Uhr, Nov./Dez. Di–So 8.30–15 Uhr, Eintritt 6 €, Gruppen- und Einzelführungen gegen Bezahlung an der Kasse buchbar. Trinkwasser und Kopfbedeckung mitnehmen!

Hinkommen
Stadtbus: Nr. 2 vom Busbahnhof am Hafen und ab Odós 1821 ca. alle 20 Minuten

Lieber anderswo essen
In den Lokalen gegenüber der Ausgrabung ist alles auf Massenabfertigung abgestellt. Besser weiterfahren nach Iráklio oder Archánes (S. 39).

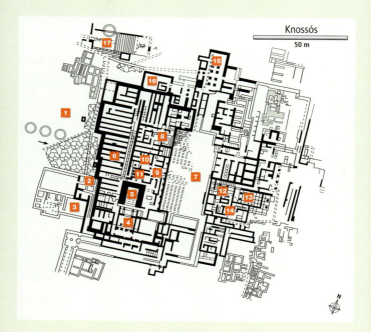

42

Festós (Phaistos) ▶ J 5

Der kleine minoische Palast auf einem Hügel über der Messará-Ebene gilt als der bedeutendste nach dem von Knossós. Im Gegensatz zu diesem wurde hier nur wenig restauriert. Zu sehen ist, was die Archäologen fanden – und nicht, was sie sich vorstellten. Reizvoll ist auch der Blick vom Ausgrabungsgelände auf die Ebene, das Psilorítis- und das Asteroússia-Gebirge (Mai bis Sept. tgl. 8–20 Uhr, sonst bis 17 Uhr, Eintritt 4 €, Busverbindung: mit Iráklio 7–8 x tgl., mit Agía Galíni und Mátala 4 x tgl., So 1 x).

Agía Triáda ▶ H 5

Nur 3 km von Festós entfernt liegt am westlichen Ende des Höhenrückens gut ausgeschildert diese weitere minoische Ausgrabungsstätte. Die idyllisch anmutenden Überreste einer spätminoischen Siedlung mit kleinem Palast stammen überwiegend aus der Zeit um 1600 v. Chr. In ihm wurden viele der heute im Museum von Iráklio ausgestellten Wandmalereien, Siegel und Tontäfelchen mit umfangreicher Buchhaltung, 19 Kupferbarren von je etwa 29 kg Gewicht sowie die berühmte Schnittervase gefunden, die heute eins der meistbeachteten Objekte im Archäologischen Museum in Iráklio ist.

Die Funktion von Agía Triáda so nahe am großen Palastzentrum von Festós bleibt unbekannt. Um 1400 v. Chr. entstand über den Ruinen des minoischen Komplexes eine mykenische Siedlung mit einer auf Kreta einzigartigen Agorá, einem Marktplatz mit acht ladenartigen Räumen in einer lang gestreckten Halle. Im Mittelalter und bis ins 19. Jh. stand an diesem luftigen Platz ein kleines Dorf, von dem nur die **Kapelle Agía Triáda** 250 m südwestlich der Ausgrabungen erhalten blieb (tgl. 10–17 Uhr, Eintritt 3 €, Kombi-Ticket mit

Über die große Freitreppe des Palastes von Féstos schritten schon die minoischen Fürsten

Provinz Iráklio

Am einstigen Hippie-Strand Mátala geht es heute deutlich gesitteter zu

Festós 6 €. Keine Busverbindung mit Festós).

Záros ▶ J 5

Das 25 km vom Libyschen Meer entfernt liegende Bergdorf (2200 Ew.) in 350 m Höhe ist für motorisierte Urlauber ein erfrischend kühler Standort an heißen Sommertagen. Man kann hier preiswert wohnen und gut essen und hat fast ausschließlich Kreter um sich.

Límni und Kloster Ágios Nikólaos
Der See oberhalb des Dorfes mit einer Taverne, Picknickplätzen und einem schönen Uferrundweg ist ein beliebtes Ausflugsziel der Kreter. Ein markierter Wanderweg führt von hier zum 1 km entfernten **Mönchskloster Ágios Nikólaos.** Von dort kann man in die 2 km entfernte Roúvas-Schlucht weiterwandern. In zwei Tavernen an der Straße vom Dorf zum See werden fangfrische Regenbogen- und Lachsforellen aus der dazugehörigen Zuchtstation serviert.

Mátala ▶ H 6

Während des Vietnamkrieges (1965–1975) wurde der kleine Weiler (100 Ew.) an der Südküste als Hippie-Treffpunkt weltberühmt. Amerikanische Kriegsdienstverweigerer hatten sich hierher zurückgezogen. Heute lebt hier nur noch ein Hippie (›Scotty‹) von damals; der ganz normale Tourismus hat Fuß gefasst. Den historischen Ortskern bildet das alte Fischerviertel an dem

Felsen, der die Bucht im Süden einrahmt. Unmittelbar an den Strand grenzt auch die afrikanisch anmutende Basargasse, die parallel zum großen Dorfplatz verläuft. Von dem aus zieht sich das Hotelviertel fast 2 km weit ins Landesinnere bis fast nach Pitsídia.

Ausgrabungen
Im Ortsbereich am Weg zum
Red Beach
Grundmauern einer Siedlung aus römischer und frühbyzantinischer Zeit, frei zugänglich.

Grabhöhlen
Im Fels auf der Nordseite der Bucht,
tgl. 9–17 Uhr, Freitag Eintritt
In römischer und frühbyzantinischer Zeit aus dem Fels gemeißelte oder auch natürliche Grabkammern mit eingetieften Sarkophagen und steinernen Bänken. Den Hippies der 60er- und 70er-Jahre dienten diese Höhlen als Winterbehausung.

Pitsídia ► H 6
Das ungefähr 2 km vom Kómmos Beach entfernte Binnendorf mit vielen Häusern aus dem 19. Jh. ist seit Jahrzehnten ein Treffpunkt zumeist deutscher Alternativtouristen und Aussteiger.

Vori ► H/J 5
Im untouristischen Dorf ist Kretas bestes **Volkskundliches Museum** angesiedelt (Mitte Mai–Mitte Okt. tgl. 11–17 Uhr, Eintritt 3 €).

Strände
Der schöne sandige **Ortsstrand** ist tagsüber sehr voll. Eine Alternative bildet der **Red Beach,** wo auch FKK möglich ist (30 Min. zu Fuß).
Kómmos Beach (► H 6): Kilometerlanger, breiter Sandstrand, weitgehend frei von Sonnenschirmen und Tavernen.

Nahe seinem südlichen Ende legen Archäologen Reste des minoischen Hafens von Festós frei (einsehbar, aber nicht zugänglich).

Übernachten
Schöne Innenhöfe – **Niko's:** Im Zentrum am Weg zum Red Beach, Tel. 28920 453 75, www.matala-nikos. com, DZ im Mai ab ca. 28 €, im August ab ca. 35 €. Zweigeschossige Pension mit 22 kleinen Zimmern um zwei pflanzenreiche Innenhöfe mit der wohl größten Zierkürbissammlung der Insel. Wirt Nikos, von Beruf Maurer, hat alles selbst gebaut; er spricht gut Deutsch.
Ohne Sprachprobleme – **Eva-Marina:** Im Zentrum am Weg zum Red Beach, Tel. 28920 451 25; im Winter in München, Tel. 089 678 90 02, www. evamarina.com, DZ im Mai 40 €, im August 45 €. Wirt Jánnis Zevgadákis ist Hobbyphilosoph und spricht perfekt Deutsch. Alle Zimmer der kleinen Pension haben Balkon und ein Bad mit Badewanne.

Essen und Trinken
Am Strand – **Lion's:** Restaurant mit Terrasse direkt am Strand, Hauptgerichte 7–11 €. Koch Makis hat früher fünf Jahre in einem australischen Luxushotel gearbeitet. Gute Käseplatte, leckere Bratkartoffeln zum Schnitzel. Fisch und Hummer zu Portionspreisen.
Fischerdorfromantik – **Scála:** Im alten Fischerviertel, Hauptgerichte 6–20 €, Rotbarben 40 €/kg. Kleine Fischtaverne in bester Lage.

Einkaufen
Feine Sachen – **Axel Genthner:** In der Ladenzeile des Hotels Zafíria, Mo–Sa 13–19 Uhr. Klassischer Gold- und Silberschmuck nach eigenen Entwürfen des westfälischen Goldschmieds, der schon lange auf Kreta lebt.

Provinz Iráklio

Surfstation in Chersonisós – hier weht der Wind meist gefahrlos auflandig

Samstagsmarkt – **Mires** (▶ J 5): Jeden Sa findet vormittags im Zentrum von Míres der größte Wochenmarkt Südkretas statt. Ambulante Händler verkaufen das traditionelle, anderswo selten erhältliche Getränk *kanelláda:* eine Art eisgekühlte Zimtlimonade.

Ausgehen
Vielseitig und verwinkelt – **Akuna Matata:** Fischerviertel, tgl. ab 9 Uhr. Bar, Café, Restaurant und Music Club in einem. Terrasse direkt am Wasser, sitzen unter Palmstrohdächern oder liegen in den Hängematten auf dem ›Roof Garden‹, öfters Latin oder Rock live. Der Hausdrink Matata Cocktail (12 €) wird in einer Honigmelone serviert.

Strandnah – **Port Side:** Fischerviertel, tgl. ab 10 Uhr. Morgens Café, abends Cocktailbar. Dort wo der Strand am Fischerviertel anfängt. Freitags Livemusik. Immer der Renner ist der Erdbeer-Daiquiri (6,50 €).

Infos
Busverbindungen: Mit Iráklio und Festós 4 x tgl., So 1 x, mit Agía Galíni Mo–Fr 6 x, Sa/So 3 x tgl.

Chersónisos ▶ M 3

Aus dem winzigen Fischerhafen des 2 km entfernten Binnendorfes Chersónisos hat sich seit den 1980er-Jahren Kre-

Chersónisos

tas bedeutendstes Touristenzentrum mit 3000 Einwohnern entwickelt, das offiziell Liménas Chersonísou heißt. Schön ist die fast verkehrsfreie Uferpromenade mit zahllosen Lokalen, die teilweise auf Stelzen über dem Wasser stehen. Dagegen reihen sich an der engen, viel befahrenen Hauptstraße unzählige Geschäfte, Bars, Discos und eher billige Fastfood-Lokale. Die Strände sind für die zahlreichen Gäste viel zu klein; Sport-, Unterhaltungs- und Ausflugsmöglichkeiten dafür gut. Auch ist das Hinterland noch ursprünglich und lohnt eine Wanderung (direkt 3 ▶ S. 48).

Basiliken
Basilika Ágios Nikólaos am östlichen Ortsrand nahe dem Pool des Hotels Eri Beach und **Basilika Kastríou** am westlichen Ortsrand auf dem Fels am Fischerhafen: beide meist frei zugänglich. Von den frühchristlichen Basiliken (5./6. Jh.) sind noch Grundmauern, Säulenteile und Reste von Bodenmosaiken zu erkennen.

Römischer Brunnen
Auf der Uferpromenade 20 m westlich des kleinen Platzes, frei zugänglich. Pyramidenförmiger Brunnen mit rekonstruierten Kaskadenstufen aus dem 3. Jh., schönes Mosaik mit Darstellungen von Fischern und Meeresgetier.

Lychnostátis-Museum
Östlich des Spaßbades ›Star Beach‹, April–Okt. So–Fr 9–14 Uhr, Eintritt 5 €, Filmvorführungen 1 € extra
Privates volkskundliches Freilichtmuseum mit Töpferei, Weberei und Wollfärberei; im Sept. und Okt. Mi 11 Uhr Weinfeste mit Traubentreten und Rakí-Brennen.

Strände
Die Sandstrände im Ort sind in der Regel überfüllt. Kleine Badebuchten zwischen Felsen beginnen am östlichen Ortsrand.

Übernachten
Am Meer – **Niki:** 25is Martiou 12, östl. Teil der Uferpromenade, Tel. 28970 223 79, www.nikishotel.com, DZ im Mai ab ca. 45 €, im August ab ca. 60 €. Einfaches Hotel mit meist jüngeren Gästen direkt über winzigem Sandstrand; Frühstücksterrasse direkt am Wasser. Katastrophale Einzelzimmer.
Beste Adresse – **Creta Maris:** Am westlichen Ortsrand, Tel. 28970 221 15, www.maris.gr, DZ im Mai ab ca. 140 €, im August ab ca. 190 €. Komfortable All-in-Anlage im Dorfstil ▷ S. 51

3 | Wege aus dem Trubel – das Hinterland von Chersónisos

Karte: ▶ M/N 3 | **Dauer:** Radtour (halbtags) oder Wanderung (ganztags)

Chersónisos ist unbestritten das Touristenzentrum der Insel. Wer dem Trubel dort einmal entgehen will, fährt oder wandert in die Orte im Hinterland, findet schöne Dorfplätze, aussichtsreiche Tavernen und Kunsthandwerk auf gutem Niveau. Auch wohnen, baden und Sport treiben kann man dort oben.

Von der hohen Gästezahl in den Urlauberhotels von Chersónisos profitiert das Umland – und vom interessanten Angebot in den Dörfern wiederum der Urlauber. Eine kleine Runde um Chersónisos in die Bergdörfer Koutouloufári und Piskopianó sowie ins Binnendorf Chersónisos können Sie auch zu Fuß oder mit dem Fahrrad unternehmen.

Shopping-Ideen

Die kleine, fast schnurgerade Straße hinauf ins 1 km vom Meer entfernte Hangdorf **Koutouloufári** 1 setzt im östlichen Bereich von Liménas Chersonísou an der Hauptstraße an und führt direkt ins historische Dorfzentrum. Koutouloufári ist ein sehr idyllischer, kleiner Urlaubsort, der Welten von Chersónisos unten an der Küste entfernt zu liegen scheint. Der Ortskern ist urromantisch, die Atmosphäre frei von aller Hektik, dörflich und doch kosmopolitisch zugleich. Wohnen kann man hier vor allem in Apartmentanlagen, die sich vom historischen Ortsrand immer weiter nach Osten und auch den Hang hinauf ausdehnen. Sie zerstören das gewachsene Ortsbild jedoch kaum. Am besten drehen Sie am besten zunächst einmal eine kleine Runde durch die beiden Hauptgassen, die als Einbahnstraßen fungieren. An ihnen liegen einige Bars und Tavernen, die Lust darauf machen, am Abend wiederzukommen.

Da ist die **Café-Bar-Creperie Fabrica** in der jetzt dachlosen, 1964 still-

3 | Hinterland von Chersónisos

gelegten Olivenölfabrik des Dorfes untergebracht, bietet die Britin Matina Russell in ihrer **Bar Vinnies Garden** zwischen liebevoll gestalteten Natursteinmauern und auf einer Dachterrasse den besten Mojito der Region.

Schräg gegenüber hat sich Manólis Anastasákis auf die **Art of Tea** verlegt. Sein Geschäft sieht aus wie eine Mischung aus altem Krämerladen und volkskundlichem Museum, zu seinem Angebot zählen die verschiedensten kretischen Kräutertees und Küchenkräuter. Hier gibt es außerdem die typischen Stielkännchen aus Kupfer für die Zubereitung eines echt griechischen Mokkas in großer Auswahl, dazu Kaffee und Kaffeemühlen, traditionelle Kochgefäße aus Keramik und außerdem noch moderne Acrylgemälde von Dómna Dellíou.

Ebenso außergewöhnlich wie dieser fotogene Laden ist auch das **Restaurant Galíni** an der oberen Einbahnstraße mit seinen weiß gedeckten Tischen und edlen Gläsern mit Kristallschliff. Die (zumeist aus Rumänien stammenden) Kellnerinnen hier werfen sich jeden Abend in antike Gewänder.

Nach der Einbahnstraßenrunde kommen Sie zum zweiten Mal auf die kleine Platía von Koutouloufári und können nun einen Blick in den kleinen Laden der Finnin Kristina Saarenheimo und ihres kretischen Partners Kóstas Tzombanákis werfen. Sie entlasten mit der **Craft Gallery** mit ihren Schmuck- und Dekoarbeiten ein wenig die Umwelt. Ihre Werkstoffe sind alte Tür- und Fensterrahmen, Aluminium von Teelichtern, Weißblech von Wassertanks, gepresstes Zeitungspapier, recyceltes Webgarn und anderes mehr.

Ein überraschender Ausblick

Beim Gang entlang der Hauptstraße Richtung Piskopianó eröffnet sich jetzt immer wieder ein schöner Blick hinunter auf die Küstenebene und die Ägäis. Mehrere Bars und Restaurants nutzen die Lage mit schönen Aussichtsterrassen. Das Erfreuliche: Von hier oben wirkt Chersónisos gar nicht mehr so groß, touristisch und trubelig. Seine zumeist weißen Häuser sind schön zwischen viel Grün und dem Meer eingebettet, die kretische Urlaubsmetropole wirkt winzig gegen so manche Urlauberhochburgen in Spanien oder der Türkei. Wer mag, kann den schönen Blick hinunter auch von der Poolterrasse des **Apartment-Hotels Astérias Village** aus genießen. Wie so viele Pools kleinerer Hotels und Anlagen in Griechenland steht auch sie Nicht-Hotelgästen offen, wenn sie nur an der dazugehörigen Bar etwas verzehren. Für Plane-Spotter und alle, die den Anblick einschwebender Flugzeuge lieben, ist die Terrasse geradezu ideal, denn die landenden Maschinen fliegen hier fast in Augenhöhe vorüber.

Wenige Schritte weiter geht Koutouloufári fast unmerklich ins noch weitaus ruhigere, schon fast langweilige Nachbardorf **Piskopianó** 2 über. Sein Name deutet auf eine frühere Funktion als Bischofssitz hin. Direkt an der Straße macht ein kleines Schild auf den Verein der Niederländer von Chersónisos aufmerksam: Viele Maisjes haben hierher geheiratet. 100 m nach dem Ortsanfangsschild gabelt sich die Straße am kleinen Supermarkt Piskopianó.

Hier führt eine Gasse links den Hang hinauf zum **Kirchplatz** des Dorfes mit einer Palme und zwei Maulbeerbäumen, auf dem die alte Kirche von 1897 und eine viel prächtigere neue Kirche stehen. Die Gemeinde geht mit der Zeit: Gleich neben der Apside der alten Kirche sind zwei Stromzähler und ein Sicherungskasten am heiligen Gemäuer angebracht, die drei Glocken im zier-

49

Provinz Iráklio

Übrigens: Jeden Montag ab 20.45 Uhr organisieren die Wirte der Tavernen auf dem Dorfplatz des Binnendorfes Chersónisos einen kretischen Abend mit Livemusik und authentischen Tänzen. Wenn alle gut in Schwung sind, ist auch für Gäste das Mittanzen erlaubt.

lichen, zweigliedrigen Glockenträger der neuen Kirche werden von drei deutlich erkennbaren Elektromotoren geläutet. Die **Taverne Kostas** am Kirchplatz lädt mit ihrer kleinen Terrasse unter einem Bambusdach dazu ein, die ländliche Beschaulichkeit zu genießen, die freilich abends häufig von Fußball spielenden Kindern belebt wird, die die Kirchenwand als Tor ins Match mit einbeziehen.

Das alte Chersónisos

Am Westrand des Dorfes Piskopianó führt eine ausgeschilderte Straße abwärts ins Binnendorf **Chersónisos** 3, für das der heutige Badeort gleichen Namens bis in die 1960er-Jahre hinein nur der Hafen war. Die gewaltigen Einnahmen aus dem Tourismus haben die Gemeinde freilich in die Lage versetzt, das alte Dorf zu verschönern. So wurde der Dorfplatz zu einem wahren Schmuckstück samt Brunnen und mehreren Tavernen. Nur den Autoverkehr hat man leider nicht verbannt. Trotzdem kann der Badeurlauber hier relativ echte kretische Dorfatmosphäre erleben und vor allem gut essen.

Anfahrt
Kein Linienbusverkehr in die Dörfer

Öffnungszeiten der Geschäfte
Im Sommer tgl. ca. 10–16 und 19–23.30 Uhr

Tavernen-Tipps
Mýrtios: Platia Alt-Chersónisos, tgl. ab 10 Uhr, Moussaká 7,50 €, Hauptgerichte 6–15 €. Die Brüder Dimítris und Jórgos bereiten viele ihrer Gerichte im Holzbackofen zu, servieren sie auf weinüberrankter Terrasse an griechisch blau-weiß eingedeckten Tischen. Dazu erklingt dezente griechische Musik.

Oásis: Platía Alt-Chersónisos, tgl. 9–14 und ab 17 Uhr, Mezedákia 3–6 €, griechischer Kaffee 1,50 €, Karaffe Rakí 2,50 €. Traditionelles Dorf-Kafenío, in dem auch Kleinigkeiten zu Wein, Bier oder Rakí serviert werden. Die schattige Terrasse ist ideal zur Beobachtung des dörflichen Treibens.

50

mit sehr großem Sport- und Unterhaltungsangebot.

Essen und Trinken

Im Trend – **Kýmata:** Odós Agías Paraskevís 55, Hauptgerichte ab 10 €, tgl. ab 11 Uhr. Etwas schicker und moderner als die meisten Lokale an der Uferpromenade, auch Sushi wird serviert.

50 Jahre – **Árgo:** Eine der ältesten Tavernen im Ort am Übergang vom Hafen zum langen Strand, besonders freundlicher Service.

Echt griechisch – **Sokáki:** Odós Evangelístrias 10 (1. Gasse westlich der Kirche), tgl ab 12 Uhr, Hauptgerichte 7–14 €. Auf Tradition gestylte Taverne gehobenen Niveaus. Pizza als Appetitanreger, gute Salate.

Immer gut besucht – **Mýthos:** Odós Sanoudáki Georg. 19, Hauptgerichte 7–12 €, tgl. ab 12 Uhr. Traditionelle griechische Familientaverne, große Auswahl an täglich frisch gekochten und gebackenen Gerichten. Vor 22 Uhr meist Warteschlangen, die der Wirt den Geduldigen mit einem Ouzo versüßt.

Ausgehen

Hauptsache griechisch – **Enígma:** St. Paraskevís 53, tgl. ab 24 Uhr. Seit über zehn Jahren hört man hier ausschließlich griechische Musik. Man tanzt zu Pop, Rock und echt griechisch-orientalischen Klängen nicht nur um die große Theke herum, sondern auch schon mal auf ihr drauf.

Recht klein – **Status Club:** St. Paraskevis 47, www.statusclub.gr. Überwiegend Mainstream.

Sport und Aktivitäten

Kostenlos – **Star Beach Water Park:** Am östlichen Ortsrand direkt am Meer, tgl. ab 10 Uhr, im Hochsommer ab 9 Uhr, www.starbeach.gr, Eintritt frei; mit Bungee-Springen.

Tauchen – **Creta Maris Dive Center:** Am Strand des Hotels Creta Maris, Tel. 28970 221 22, und **Scuba Kreta Diving Club,** im Nana Beach Hotel, Tel. 28970 249 15, www.scubakreta.gr.

Tennis – **Tennis Progress:** Tennisschule im Hotel Creta Maris, auch Turniere und Kurse für Kinder.

Reiten – **Finíkia Horse Riding:** Gegenüber vom Star Beach Water Park, Tel. 28970 235 55, www.hersonissoshorseriding.com. Einstündige Strandritte (25 €), zweistündige Bergritte 40 €, Ponyreiten für Kinder 8 €/10 Min.

Infos

Busverbindungen: Alle Busse von Iráklio in den Inselosten halten in Liménas Chersonísou. Busse nach Iráklio halbstündlich zwischen 6.30 und 2 Uhr, ab Iráklio nur bis 1 Uhr. Zur Lassíthi-Hochebene morgens hin, nachmittags zurück. Mo–Fr Tagesausflug per Linienbus nach Vái möglich.

Bootsausflüge: Zur Insel Día und nach Síssi. Eine Buchung ist am Hafen möglich.

Mália ▶ N 4

Mália ist der am stärksten vom Tourismus geprägte Ort Kretas (3700 Ew.) mit langen, breiten Sandstränden und einem kleinen alten Ortskern südlich der Hauptdurchgangsstraße, dessen Häuser größtenteils als Bars und Tavernen genutzt werden. Nördlich der Hauptdurchgangsstraße zeigt Mália ein ganz anderes Gesicht. Hier reiht sich ein Lokal ans andere, alte Häuser gibt es dort gar nicht mehr. Zwischen den Neubauten liegen aber noch einige Kartoffeläcker und Gewächshäuser, am Straßenrand bieten Bauern zwischen all dem Trubel Bananen, Tomaten und Kartoffeln zum Kauf an.

Provinz Iráklio

Minoischer Palast

2 km östlich der Siedlung, von der Schnellstraße aus gut ausgeschildert, Juni–Okt. Di–So 8–15 Uhr, sonst meistens geschl., Eintritt 4 €

Der 1 km^2 große, seit 1915 freigelegte Palastbezirk aus der Zeit zwischen 1700 und 1450 v. Chr. ähnelt in Vielem dem Palast von Knossós. Da hier aber nichts rekonstruiert wurde, ist er für den Laien weniger attraktiv. Man erkennt einen Thronsaal, Pfeilersäle, die Vorratsräume, den üblichen Zentralhof, in ein nicht mehr vorhandenes Obergeschoss führende Stufen sowie die theaterähnlichen Schautreppen. Von besonderem Interesse sind der auf dem Zentralhof liegende Kernós, eine runde Steinplatte mit 35 Vertiefungen, in denen Samen und Flüssigkeiten als Opfer dargebracht wurden, sowie der durch ein Schutzdach markierte Bereich der Agorá. Dieses unter dem übrigen Bodenniveau gelegene Areal mit zehn Räumen stammt aus der Altpalastzeit; die Funktion ist unbekannt.

Strände

Mália Beach und Eastern Beach: Lange, breite Sandstrände ohne natürlichen Schatten säumen die Küste vor Mália bis zum minoischen Palast. Im Ortszentrum übervoll.

Mílatos ▶ N 3

Das kleine, noch ganz ursprünglich gebliebene Binnendorf Mílatos (210 Ew.) und sein Hafen **Paralía Milatoú** liegen in einer fruchtbaren, auf drei Seiten von Hügeln umschlossenen Küstenebene. 4 km oberhalb des Binnendorfes liegt 5 Gehminuten von der Straße entfernt und frei zugänglich die **Milatou Cave.** In der unbeleuchteten Tropfsteingrotte steht eine kleine Kapelle, vom Eingang hat man einen großartigen Blick übers Tal und die Küste. Taschenlampe mit-

nehmen, rutschfeste Sohlen sind empfehlenswert!

Sísi ▶ N 3

Ehemaliges Fischerdorf mit 700 Einwohnern und mittlerweile über 2500 Fremdenbetten. Das kleine Ortszentrum liegt an einer etwa 150 m langen, fjordartigen Bucht am Rande einer von vielen Oliven- und Johannisbrotbäumen bestandenen Küstenebene. Síssi ist auch Ziel von Bootsausflügen ab Liménas Chersonísou.

Übernachten

Mit schönem Garten – **Cretan Mália Park:** 2 km östlich des Zentrums direkt am Strand, Tel. 28970 314 61, www.cretanmaliapark.gr, DZ im Mai ab ca. 145 €, im August ab ca. 185 €, sehr viel preiswerter pauschal zu buchen. Großes Sport- und Unterhaltungsangebot, Mountainbike-Verleih, eigener Kinderclub. Das Besondere ist der alte Baumbestand im Hotelgarten am Meer.

Essen und Trinken

Im alten Dorf – **Kálesma:** Odós Omiroú 8, Altstadt, tgl. ab 17 Uhr, Tel. 28970 331 25, www.kalesma.gr, Tischreservierung dringend zu empfehlen, Hauswein 8 €/l, Moussaká 8,90 €. Restaurant mit kleiner Karte, griechische Küche, freitags Livemusik. Ganzjährig, also bei Kretern beliebt.

Gut und günstig – **Kalýva:** An der Uferstraße nahe dem minoischen Palast, tgl. 10–21 (Küche bis 19) Uhr, großer Bauernsalat 4,50 €, Hähnchenkoteletts vom Grill 5 €. Einfache Taverne nahe eines guten Strandes, Wirt Vassílis führt das Lokal in dritter Generation. Gut für Grillgerichte.

Ausgehen

Die meisten Bars, Music Clubs und Diskotheken sind ganz auf den anglo-iri-

Mália

Immer viel los am Strand von Mália

schen Geschmack eingestellt; Infos: www.malia.co.uk/clubs. In vielen Bars laufen schon tagsüber Videofilme. Die In-Clubs waren 2013: **Apollo, Banana, Candy, Corkers, Malibu, Havanna, UK, VIP, Zig Zag,** alle an der Straße zum Strand.

Sport und Aktivitäten

Wassersport – **Dolphin:** Im Strandzentrum, Tel. 28970 322 50, www.water-sports.gr, breites Angebot inklusive Speedboat-Vermietung und Fallschirmsegeln.

Infos

Busverbindung: In Mália halten alle Busse von Iráklio in den Osten der Insel. Busse nach Iráklio halbstündlich zwischen 6.30 und 2 Uhr, ab Iráklio nur bis 1 Uhr. Lassíthi-Hochebene morgens hin, nachmittags zurück. Mo–Fr Tagesausflug per Linienbus nach Vái möglich (Abfahrt 9.15 Uhr).

Provinz Lassíthi und Ágios Nikólaos

Ágios Nikólaos ▶ O 4

Die erst 1870 gegründete Hafen- und Provinzhauptstadt (10 000 Ew.) ist der kretische Ort mit der längsten touristischen Tradition. Den Ortskern bildet der kleine Voulisméni-See mit bunten Fischerbooten, der auf zwei Seiten von felsigen Steilufern und auf den anderen beiden von Cafés gesäumt wird. Ein kurzer Kanal verbindet den See mit dem Hafen.

Von der Hafenmole schweift der Blick über die Mirambéllou-Bucht auf teils sanft-grüne, teils steil und kahl aufsteigende Küsten; im Hintergrund sind hohe Berge zu sehen. Die Kleinstadt ist ein angenehmer, geschäftiger Urlaubsort mit viel Lokalkolorit. Im Stadtgebiet gibt es aber nur einen einzigen, für die vielen Gäste viel zu kleinen Strand und ein paar Badestellen auf dem Küstenfels mit Badeleitern. Man ist weitgehend auf die Strände der Umgebung angewiesen.

Kirche Agía Triáda 1
direkt 4| ▶ S. 55

Voulisméni-See 2
67 m tiefer Salzwassersee mit 137 m Durchmesser. Seit 1870 durch einen 61 m langen Kanal mit dem Meer verbunden. An seinem Westufer liegt eine kleine, nachts illuminierte Kapelle. Daneben führen 130 Stufen die Steilküste hinauf. Auf der kleinen Seebühne finden im Sommer gelegentlich Konzerte statt.

Folklore-Museum 3
Aktí Iosíf Koundoúrou (an der Brücke), Di–So 10–14 Uhr, Eintritt 3 €
Kleine Sammlung kretischer Volkskunst und Ikonen in nur einem kleinen Raum. Schlechtes Preis-Leistungsverhältnis!

Archäologisches Bezirksmuseum 4
Odós Paleológou 68, bis 2014/15 wegen Renovierung geschlossen
Sieben Säle mit Funden aus der Region. Besonders bedeutend: die »Göttin von Myrtos«, ein bemaltes Keramikgefäß in Frauengestalt aus frühminoischer Zeit (Saal 2).

Städtische Galerie 5
Odós 28is Oktovríou 8, Juni–Okt. tgl. 10–14 und 18.30–21 Uhr, Eintritt frei
Wechselausstellungen moderner Malerei, Fotografie und Bildhauerkunst.

Strände
Der **Kitroplatía Beach** ist der einzige Strand im Ortsbereich, klein und überlaufen. Vor der Aktí Iosíf Koundoúrou nördlich des Hafens kann man von Felsplatten aus ins Wasser steigen; im Südwesten des Ortes liegt man am eintrittspflichtigen **Municipal Beach** gut auf Rasen unter Tamarisken und geht über Kieselsteine ins Meer.

Auch die weiter entfernten, aber noch zu Fuß erreichbaren Strände im Stadtgebiet sind eher dürftig: **Havanía Beach** (schmaler, 150 m langer Sand-Kiesstrand) und **Almirós** ▷ S. 58

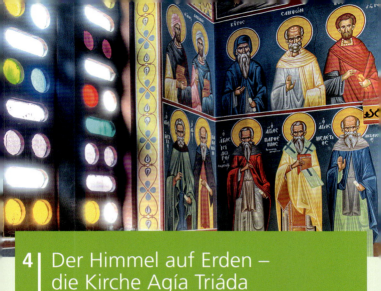

4 | Der Himmel auf Erden – die Kirche Agía Triáda

Cityplan: S. 58 | **Dauer:** Kirchenbesichtigung, 15–30 Min.

Griechisch-orthodoxe Kirchen sind innen fast immer vollständig mit Heiligenfiguren und biblischen Szenen ausgemalt. Die Kosten dafür tragen fromme Spender. Die Wandmalereien sind dabei weitaus mehr als schöner Schmuck. Sie drücken theologische Wahrheiten aus und machen aus Gotteshäusern Konsulate des Himmels auf Erden.

Die der heiligen Dreifaltigkeit geweihte **Kirche Agía Triáda** 1 im Zentrum von Ágios Nikólaos macht darin keine Ausnahme. Sie wurde in den 1980er-Jahren vollständig im traditionellen byzantinischen Stil ausgemalt.

Kuppel und Apsis

Kuppel und die Apsis genannte Mauernische östlich des Altars sind die architektonisch herausgehobenen Teile der meisten orthodoxen Kirchen. In der Kuppel, deren Halbkugel den Himmel symbolisiert, ist fast immer Christus als allesbeherrschender Pantokrátoras dargestellt. In der linken Hand hält er ein prunkvoll eingeschlagenes Evangeliar. Unter ihm sind Engel und Propheten als himmlische Schar dargestellt. In den Zwickeln, die von der Kuppel zum Kirchenraum überleiten, sind die Evangelisten zu sehen: Nur durch sie haben die Menschen ja von Christus und seiner Lehre gehört, sie nehmen darum diese wichtigen Plätze zwischen himmlischer und irdischer Sphäre ein.

Auch das Apsisgewölbe ist thematisch fest vergeben: Hier wird an höchster Stelle immer Maria mit dem Kind dargestellt. Auf dieser Darstellung sitzt sie wie so häufig auf einem Thron, gilt sie doch auch als Himmelskönigin und Herrin der Engel. Sie ist denn auch von zahlreichen Engeln umgeben.

Unter der Mariendarstellung ist eine Szene angesiedelt, die in der westlichen

Provinz Lassíthi und Ágios Nikólaos

Sakralmalerei kein Thema ist: Die Apostelkommunion. Links und rechts von einem durch einen Baldachin bekrönten Altar steht Christus. Auf der rechten Seite teilt er Wein an sechs seiner Jünger aus, auf der linken Seite Brot an die übrigen sechs. Diese Darstellung stellt einen Bezug zum heiligen Abendmahl her, das die Gläubigen in der Kirche im Rahmen der Eucharistiefeiern erhalten: So wie es in dieser Kirche auf Erden gefeiert wird, wird es im zeitlosen Rahmen der himmlischen Welt ständig gefeiert.

Alles hat Bedeutung

Im Tonnengewölbe sind in vier Bildfeldern Jesu Geburt, Anbetung, Darstellung im Tempel und Taufe im Jordan zu erkennen. Hier geht es nicht darum, Bibelkenntnisse der Kirchgänger aufzufrischen, sondern theologische Aussagen zu bekräftigen. Besonders klar wird das bei der Darstellung von Jesu Geburt. Sie findet, anders als in der westlichen Sakralmalerei, nicht in einem Stall statt, sondern in einer Höhle. Diese schwarze Höhle im Fels symbolisiert den Tod, der durch die Geburt des Kindes überwunden wird. Das Neugeborene liegt nicht in einer Krippe, sondern auf einer Art Altar: Ein Hinweis auf die wundersame Verwandlung von Wein und Brot in Leib und Blut Christi auf dem Altar bei der Eucharistie.

Dass Gott in dem Kind wirklich Mensch wurde, drückt die Nebenszene rechts unten aus. Zwei Frauen waschen das Neugeborene, weil es ja auf ganz natürliche Weise von einer Frau geboren wurde. Dass Gott der Vater des Kindes ist, bezeugt die Nebenszene links unten: Da sitzt Marias Verlobter Joseph äußerst nachdenklich und überlegt wohl, ob er Marias Worten von der Niederkunft des Heiligen Geistes glauben schenken darf. Er jedenfalls weiß, dass er als Vater nicht in Frage kommt.

In Wort und Bild

Betrachten Sie die Malereien in Apsis und Gewölbe genau, fällt auf, dass heilige Personen Heiligenscheine tragen, sogenannte Nimben. Der Nimbus Jesu, gleich ob als Kleinkind oder Erwachsener dargestellt, unterscheidet sich von denen aller anderen: In ihm ist ein Kreuz angedeutet, zwischen dessen Armen die drei Buchstaben Omikron, Omega und Ny zu lesen sind: ›O On‹ also, ›Der ewig Seiende‹. Diese Art des Nimbus steht außer Christus nur noch Darstellungen Gottvaters und des Heiligen Geistes in Gestalt einer weißen Taube zu. In dieser Kirche ist das auf der Ikone der heiligen Dreifaltigkeit zu sehen. Sie hängt wie jede Ikone mit der Darstellung des Heiligen, dem die Kirche geweiht ist, als zweite Ikone links der Mittelpforte in der Ikonostase. Der Nimbus Gottvaters ist dabei dreieckig – Hinweis darauf, dass er keinen Alleinvertretungsanspruch erhebt, sondern Teil der Dreifaltigkeit ist.

Auffällig ist auch, dass auf allen Wandmalereien etwas geschrieben steht: Bei Heiligen wird dessen Name genannt, bei szenischen Darstellungen wird gesagt, welches Ereignis zu sehen ist. Das hat einen bedeutenden historisch-theologischen Hintergrund. Zwischen 726 und 843 tobte im Byzantinischen Reich ein Bürgerkrieg mit mehreren tausend Toten um die Frage, ob Ikonen und Wandmalereien gottgefällig seien. Die Bilderfeinde beriefen sich auf das Gebot des Alten Testaments »Du sollst dir kein Bildnis von mir machen«. Die Bilderfreunde hingegen argumentierten, Gottvater selbst habe sein Bilderverbot aufgehoben, indem er seinen Sohn quasi als Bildnis seiner selbst auf Erden sandte. Die Bilderfreunde siegten. Um auf die Gottgefälligkeit bildlicher Darstellungen zu verweisen, muss nun aber jedes wirkliche Sakralbild der

4 | Kirche Agía Triáda

Ostkirche auch beschriftet sein: So werden das für den Gott des Alten Testaments stehende Wort und das fürs Neue Testament stehende Bild miteinander vereint.

Allgegenwart der Heiligen

Neben all den szenischen Motiven fallen die so ganz unterschiedlichen Darstellungen von Heiligen ins Auge. Da ist zum Beispiel in der Apsis links und rechts von der Apostelkommunion je ein Säulenheiliger zu sehen. Dieser Heiligentypus steht für die strengste frühchristliche Form der Askese: Manche jener frommen Männer verbrachten Jahrzehnte auf einer Säule, wurden von Gläubigen mit etwas Speis und Trank versorgt, stiegen aber nie herab.

Viele andere, oft nur in Medaillons präsente Heilige tragen Bärte – auch sie suchten als Asketen oder Mönche Gott näher zu kommen. Andere tragen Rüstungen – es sind römische Legionäre, die sich zum Christentum bekannten und dafür das Martyrium erlitten. Auffällig ist die hohe Zahl von Frauen unter den Heiligen.

Wenn Sie nun Lust auf ein kleines Suchspiel haben, werden Sie auch eine heilige Frau mit ihren drei Töchtern erkennen. Es ist die heilige Sophia – zu übersetzen mit ›Heilige Weisheit‹. Ihre Töchter tragen die Namen ›Liebe‹, ›Glaube‹ und ›Hoffnung‹. Hier scheinen philosophische Ideen personalisiert worden zu sein. Auf einem anderen Fresko sehen Sie ein kleines Mädchen zwischen zwei Mönchen: die kleine Agía Iríni zwischen den Heiligen Ágios Nikólaos und Ágios Raffaíl. Jener Raffaíl offenbarte sich erst 1959 den Menschen, wurde zum Shooting-Star unter den griechischen Heiligen und ist heutzutage vor allem für wundersame Krebsheilungen zuständig.

Insgesamt dient die Vielzahl der Heiligendarstellungen nicht nur dazu, den Gläubigen Ansporn für ein frommes Leben zu sein. Da der Heilige auch jederzeit – wie ein antiker Gott in seiner Statue – in seiner Darstellung gegenwärtig werden kann, wird jedes Bildnis zu einem ›Wohnangebot‹ für den Abgebildeten. Und wenn er drin wohnt, kann er auch helfen …

Infos

Kirche Agía Triáda: Platía El. Venizélou, tgl. meist 7–12 und 16–19.30 Uhr, Eintritt frei

Verhalten in Kirchen

Shorts und nackte Oberkörper sind bei Kirchenbesuchen tabu, ansonsten gibt es außer in manchen Klöstern keine Kleiderregeln. Mit gedämpfter Stimme unterhalten sich auch einheimische Gläubige. Möglichst wendet man Ikonen nicht den Rücken zu, wenn man direkt vor ihnen steht, und schlägt weder Arme noch Beine überkreuz. Kerzen kann jeder entzünden, solange er dafür seinen Obolus entrichtet. Fotografieren und Filmen wird in vielen Kirchen ungern gesehen, in der Agía Triáda hat man sich jedoch daran gewöhnt.

Gleich nebenan

Taverne Ítanos [1]: Gleich neben der Kirche versteckt sich in der kleinen Gasse Odós Kýprou die alteingesessene, nunmehr modernisierte Markttaverne, die im Schautresen und in der Kühlvitrine eine große Auswahl an griechischen Fleisch-, Fisch- und Gemüsegerichten bietet. Hier wird noch jeden Tag frisch gekocht, die Stammgäste zwingen den Wirt, seine hohe Qualität zu halten (tgl. ab 11 Uhr, Hauptgerichte 5–10 €).

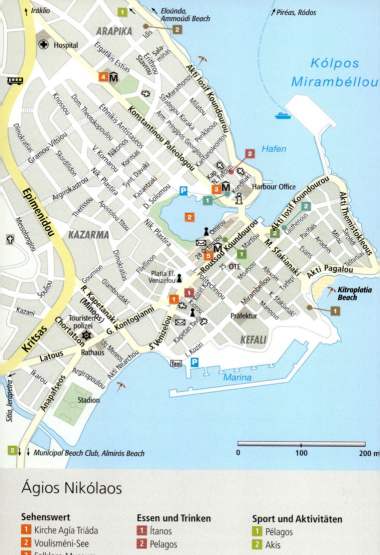

Ágios Nikólaos

Sehenswert
1. Kirche Agía Triáda
2. Voulisméni-See
3. Folklore-Museum
4. Archäologisches Bezirksmuseum
5. Städtische Galerie

Übernachten
1. Sgouros
2. Coral

Essen und Trinken
1. Ítanos
2. Pelagos

Einkaufen
1. Chez Sonja
2. Greek Silk

Ausgehen
1. Aléxandros
2. Puerto Bar

Sport und Aktivitäten
1. Pélagos
2. Akis

58

Beach (300 m Feinsand, aber völlig überlaufen).

Übernachten

Am Stadtstrand – **Sgoúros** **1**: Kitroplatía Beach, Tel. 28410 289 31, www.sgowrosgrouphotels.com, DZ im Mai 45 €, im August 70 €. Ruhig gelegenes Hotel mit 29 Zimmern, 5 Gehminuten vom Hafen. Zimmer 201–205 und 301–305 mit Balkon und Meerblick.

Schöner Ausblick – **Coral** **2**: Aktí Iosíf Koundoúrou, Tel. 28410 283 63, www.mhotels.gr, DZ im Mai ab ca. 90 €, im August ab ca. 116 €. Hotel mit 172 Zimmern und Pool auf dem Dach; ruhiger sind die Zimmer im hinteren Gebäude.

Essen und Trinken

Spitzenadresse – **Pélagos** **2**: Odós Stratigoú Koráka 10, ab 12 Uhr, Hauptgerichte 8–22 €. Erstklassiges Restaurant in einer klassizistischen Villa. Sehr gute Fischgerichte und Weine.

Einkaufen

Gute Qualität – **Chez Sonja** **1**: Odós 28is Oktovríou 20. Gute Auswahl an Schmuck und Keramik von Kunsthandwerkern aus ganz Griechenland.

Griechische Seide – **Greek Silk** **2**: Aktí Iosíf Koundoúrou 22. Seidenwaren u. a. aus der nordostgriechischen Stadt Souflí, wo Naturseide noch versponnen und verwebt wird.

Ausgehen

Für Oldies – **Aléxandros** **1**: Odós Kondiláki 1, tgl. ab 20 Uhr. Dachgarten mit Blick auf See, Hafen und Berge, zu den Evergreens der 60er- bis 90er-Jahre darf auch getanzt werden. Die Atmosphäre ist herrlich nostalgisch.

Junge Szene – **Puerto Bar** **2**: Disco-Bar direkt am Hafen, Aktí Iosíf Koundouroú/Odós Evans, tgl. ab 20 Uhr.

Sport und Aktivitäten

Tauchen – **Pélagos** **1**: Neben dem Hotel Mínos Beach, Tel. 28410 243 76, www.divecrete.com. Inhaber Stéfanos spricht gut Englisch und etwas Deutsch, taucht seit 25 Jahren professionell.

Wassersport – **Ákis** **2**: Am Almyrós Beach, tgl. 9–19 Uhr. Windsurfen, Wasserski, Tretboote, Fallschirmsegeln usw.

Infos und Termine

Städtisches Info-Büro: Aktí Iosíf Koundoúrou (direkt an der Brücke über den Seekanal), Tel. 28410 223 57, www.aghiosnikolaos.eu, tgl. 8–21 Uhr. Meist effektiv!

Busverbindungen: Tgl. zahlreiche Verbindungen über die Küstenstraße mit Iráklio und Sitía sowie mit Ierápetra. Häufige Verbindungen mit Krítsa und Eloúnda, 5–6 x tgl. mit Pláka, Mo–Sa 1 x tgl. mit Síssi und Ágios Geórgios auf der **Lassíthi-Hochebene** (**direkt 5** S. 60).

Stadtbus: Mo–Fr 12 x tgl. vom Busbahnhof zum Hafen und über die Uferstraße weiter bis zum außerhalb der Stadt gelegenen Hotel ›Candia Park‹.

Lató-Festival: Mitte Juli bis Mitte September; Theater, Tanz, Konzerte am Strand Kitroplatía, in Kinos, auf der Seebühne und in Lató.

Eloúnda ▶ O 4

Der unscheinbare Ort hat sich zum Standort der meisten Super-Luxus-Hotels der ganzen Insel gemausert, ist aber als Ausflugsziel nur wegen seiner schönen Lage nennenswert. 800 m südlich des Hafens von Eloúnda führt ein Damm an nicht mehr genutzten Salinen vorbei auf die große Insel Spinalónga. Im Wasser am Damm vermuten Archäologen die Überreste der antiken Stadt **Oloús.** Trockenen ▷ S. 63

5 | Eine andere Welt – die Lassíthi-Hochebene

Karte: ▶ M/N 4 | **Dauer:** Autorundfahrt, ein oder zwei Tage

Die Lassíthi-Hochebene sollten Sie auf eigene Faust erkunden und am besten dort oben auch eine Nacht verbringen. Nur dann bleibt Muße genug, ihre ländliche Atmosphäre und den Reiz ihrer Dörfer wahrzunehmen.

Ringsum von Bergen umschlossene Hochebenen sind charakteristisch für die kretische Landschaft. Die auf über 800 m Höhe gelegene Lassíthi-Hochebene ist bequem zu erreichen. Bis zu 10 km lang und 5 km breit dehnt sie sich zu Füßen des 2148 m hohen Díkti-Gebirges aus. Um keinen nutzbaren Boden zu verschenken, liegen die 21 historischen Dörfer der Lassíthi leicht erhöht am Rand der Ebene.

Grundwasser für die Bewässerung des fruchtbaren Bodens lagert dicht unter der Oberfläche. Früher wurde es von Tausenden von Windrädern auf hohen Masten auf die Felder gepumpt. Die sind jetzt nahezu vollständig durch Motorpumpen ersetzt. Ein EU-Programm zur Rückkehr zu den umweltfreundlichen Windrädern ist bei der Bevölkerung auf wenig Gegenliebe gestoßen. Stolz ist man hingegen auf einen zweiten Stausee, der sommerliche Bewässerungsprobleme zu lösen verspricht.

Über Serpentinen zum Plateau

Von Stalída windet sich eine gut ausgebaute, serpentinenreiche Straße nach **Mochós** ❶ hinauf. Dort können Sie auf dem Dorfplatz mit seinen Tavernen einen ersten Kaffee trinken. Die Hauptstraße führt weiter zum **Kloster Panagía i Kerá** ❷. An der Ikonostase in der Kirche hängt eine reich geschmückte Marienikone mitsamt einem Stück grobgliedriger Eisenkette. Auf dem Hof des Klosters steht, von Gittern umgeben, eine kleine monolithische Marmorsäule. Mit Ikone, Kette und Säule verbindet sich eine ganz besondere Le-

5| Lassíthi-Hochebene

gende. Türken entführten die Ikone zweimal nach Istanbul. Das erste Mal schwebte sie eigenständig nach Kreta zurück. Beim zweiten Mal banden die Türken sie deshalb mit einer Eisenkette an einer Säule fest. Die Ikone nahm auf ihrer zweiten Heimreise Säule und Kette gleich mit. Nicht nur die Ikone wird für wundertätig gehalten: Noch heute legen sich Gläubige die Kette um, um sich vor Krankheiten zu schützen.

Links folgt auf der Weiterfahrt das kuriose **Homo Sapiens Museum** 3 . Herr Petrákis will hier mit liebenswert-naiven Mitteln zeigen, wie die Menschen in vergangenen Zeiten lebten. Er hat sogar auch den zwölf olympischen Göttern ein Ehrenmal errichtet und als Weltraumfan allen tödlich verunglückten Astronauten inklusive Hündin Laika.

Auf der Hochebene

Auf der **Passhöhe Ámbelos Afhín** 4 (900 m) stehen zu beiden Seiten der Straße alte Windmühlenstümpfe. Während zu früheren Zeiten Weizen, Gerste und Hafer auf der Hochebene angebaut wurden, ist deren Hauptprodukt heute die Kartoffel, die auch als Bio-Produkt angebaut wird. Von der Passhöhe haben Sie eine wundervolle Sicht auf das Tal. Die Taverne dort ist auf ganz Kreta für ihren guten Schweinebraten aus dem Lehmbackofen bekannt.

Eine Asphaltstraße führt rund um die Ebene. Fährt man gegen den Uhrzeigersinn, liegen bald rechts hinter vielen Zypressen das restaurierte **Kloster Vidianís** 5 und seine Kirche. Einige Ikonen in der Kirche weisen Einschüsse aus dem Weltkrieg auf; auch ein kleines Naturgeschichtemuseum ist zu sehen.

Psichró 6 mit der etwas außerhalb gelegenen **Díkti-Höhle** ist das Ziel aller Ausflugsbusse. Die Diktéon Ándron genannte Tropfsteinhöhle war in der minoischen Zeit eine bedeutende Kult-

stätte. Dem Mythos nach wurde hier Göttervater Zeus von der Ziege Almathía groß gezogen, um ihn vor seinem Vater Chronos zu schützen. Tagsüber drängen sich hier die Ausflugsbusse; wenn Sie auf der Hochebene übernachten wollen, erkundigen Sie sich am besten nur kurz nach den aktuellen Öffnungszeiten, um sie eventuell am nächsten Morgen zu besuchen.

Hinter Avrakóndes passieren Sie den eintrittspflichtigen **Lasinthos Eco Park** 7 . Hier hat ein betuchter Städter EU-Fördermittel dazu verwendet, ein künstliches Dorf zu schaffen. Rosafarbene, für Kreta völlig untypische Häuschen beherbergen Schauwerkstätten, in denen Weber, Kerzenzieher, Töpfer und Holzschnitzer ihr Handwerk zeigen.

Zwei traditionelle Dörfer

In **Ágios Geórgios** 8 führen Wegweiser den Besucher zum **Volkskundlichen Museum** in einem alten Bauernhaus. Anschaulich wird gezeigt, wie man in den Dörfern bis in die Nachkriegszeit lebte. Typisch für Gebäude dieser Zeit: das Haus besitzt zur Speicherung der Wärme im Winter keine Fenster. Auf engem Raum lebten, schliefen und arbeiteten die Bewohner im Hauptraum. Im Vorratsraum erinnern die Gefäße an minoische Magazine. Landwirtschaftliche Geräte, die bis vor Kurzem noch verwendet wurden, stehen im ehemaligen Stall. Eine Galerie im klassizistischen Gebäude nebenan zeigt Stick- und Webarbeiten, kretische Trachten sowie moderne Malerei. Interessierte Besucher erhalten auch den Schlüssel für das **Venizélos-Museum** in einem Steinhaus von 1873. Es zeigt historische Fotos und Dokumente über das Leben des bedeutenden griechischen Staatsmannes aus Kreta.

In Ágios Geórgios oder im Nachbardorf **Ágios Konstantínos** 9 bieten

Provinz Lassíthi und Ágios Nikólaos

sich zwei Übernachtungsmöglichkeiten. Wer sie wahrnimmt, lernt noch echtes Dorfleben kennen, hört nachts die Hähne krähen und wird morgens von Kirchenglocken geweckt. An den Gassen sitzen noch vereinzelt ganz in Schwarz gekleidete alte Frauen wie aus alten Fotobüchern, ziehen morgens mit einem Esel und einigen Ziegen aufs Feld, holen sie abends zurück. Die Luft ist kühl und rein, ein Abend- oder Morgenspaziergang über die Felder offenbart die ganze Schönheit dieser Landschaft.

Zur Nísimos-Hochebene

Liebhaber einsamer Landschaften und Wanderer mit Kondition unternehmen von **Tzermiádo** 10, dem Hauptort der Hochebene mit vielen simplen Souvenirgeschäften, noch einen 5,2 km langen Abstecher auf schmalen Asphaltstraßen und holprigen Feldwegen zur Nísimos-Hochebene mit der **Gipfelkapelle Tímios Stavrós** 11 mit prächtigem Blick auf Diktí-Gebirge und Hochebene. Von der weißen Kapelle Agía Ariádni im Zentrum der kleinen Hochebene windet sich deutlich erkennbar ein Weg den Hang hinauf zu den etwa 50 Gehminuten entfernten Ruinen der antiken **Bergfestung Karfí** 12, die um 1190 v. Chr. gegründet wurde.

Für den Rückweg an die Nordküste wählt man die Straße über **Zénia** 13, die bei Neápoli auf die Schnellstraße nach Ágios Nikólaos stößt.

Infos
Homo Sapiens Museum: Tgl. 9–19 Uhr, Eintritt 3 €
Dikti-Höhle: Mai–Okt. tgl. 10–18.30 Uhr, Eintritt 4 €
Lasínthos Eco Park: Tgl. 8–19.30 Uhr, Eintritt 4 €
Volkskundliches Museum: Mai–Okt. tgl. 10–16 Uhr, Eintritt 3 €

Gut wohnen
Vilaéti 1: Ágios Konstantínos, Tel. 28440 319 83, www.vilaeti.gr und www.guestinn.com, DZ ab 65 €. Großzügig bemessene und bis ins Detail hinein liebevoll gestaltete Ferienwohnungen in alten Dorfhäusern, Rezeption in der gleichnamigen Taverne.
María 2: Ágios Geórgios, Tel. 28440 317 74, im Dorf gut ausgeschildert, DZ ab 30 €. Sehr engagiert geführte Pension mit 16 Zimmern, nur 100 m vom Dorfzentrum. Angeschlossen ist eine Taverne mit schöner Gartenterrasse.

Gut essen
Ámbelos Afhín 1: Auf dem Mühlenpass, tgl. ab 12 Uhr. Traditionelle kretische Küche und herrliche Aussichtsterrasse. Hauptgerichte 5–11 €, Schweinebraten 9,50 €.
Vilaéti 2: Ágios Konstantínos, tgl. ab 9 Uhr. Uriger Gastraum in einem alten Steinhaus. Aliki und ihr Mann Geórgios bieten regionale Küche: Gemüse von den Familienfeldern, Grillhähnchen oder würzigen Bergtee.

Gourniá

Luxus in Eloúnda: Helikopter-Transfer, Flughafenabholung im Jaguar oder 7er-BMW, Privatausflüge mit Segelyachten, Bungalows mit Privat-Pool und manchmal sogar persönlicher Butler-Service gehören zum Angebotsspektrum der neun Luxus-Hotels von Eloúnda. Juniorsuiten bekommt man manchmal schon ab ca. 210 €/Nacht. Für eine Residenz mit Quartieren fürs mitgebrachte Personal kann man aber auch bis zu 25 000 €/Nacht berappen (Infos: www.elounda.com).

Fußes lassen sich auf einem Feld hinter der Taverne Canal Bar die Reste eines Mosaiks aus einer frühchristlichen Basilika erkennen.

Infos
Busverbindung mit Ágios Nikólaos 7–21 Uhr ca. stdl.

Spinalónga ▶ O 3

`direkt 6|` S. 64

Krítsa ▶ O 5

Das 16 km von Ágios Nikólaos entfernte Bergdorf (1600 Ew.) wird schon seit Jahrzehnten als kretisches Bilderbuchdorf verkauft.

Panagía i Kerá
2 km vor dem Ortsanfang, Di–So 8.30–15 Uhr
Eine Sehenswürdigkeit von überregionalem Rang jedoch ist die byzantinische Kirche Panagía i Kerá aus dem 13. Jh. an der Straße von Ágios Nikólaos nach Krítsa. Ihre gut erhaltenen Fresken aus dem 13.–15. Jh. zeigen die Unterschie-

de zwischen streng byzantinischer Malerei und dem von der italienischen Renaissance geprägten Malstil der »Kretischen Schule«.

Infos
Busverbindung: 6–8 x tgl. zwischen 7 und 18 Uhr mit Ágios Nikólaos.

Lató ▶ O 4

Ausgrabungen einer Stadt aus dem 7.–4. Jh. v. Chr., die einsam an einem Hügel liegen. Von der Ruine des Stadttors gelangt man über eine antike Gasse mit Resten von Häusern und Werkstätten auf die Agorá mit Zisterne, Tempelresten, einem kleinen Theater und zwei Türmen der Stadtmauer.

Infos
Von Krítsa aus ausgeschildert, nur zu Fuß oder mit Fahrzeug (4 km), Di–So 8–15 Uhr, Eintritt 2 €.

Gourniá ▶ P 5

Gourniá ist der Name einer Ausgrabungsstätte, die weitab jeder Siedlung gut ausgeschildert nahe der Hauptstraße von Ágios Nikólaos nach Sitía liegt. An einem niedrigen Hügel mit Blick aufs Meer sind Straßenzüge und Hausmauern einer mittelminoischen Stadt zu sehen. Auf dem höchsten Punkt der Stadt befindet sich der Festplatz mit den Ruinen eines größeren Gebäudes, das als Palast eines Statthalters gilt.

Die Stadt wurde um 1600 v. Chr. angelegt und bereits 150 Jahre später wieder vernichtet. Kanalisation war schon vorhanden. Die Häuser waren zweigeschossig. Sie ruhten auf Fundamenten aus Bruchstein und besaßen Mauern aus getrockneten ▷ S. 66

63

6 | Ein Ort des Grauens – die Festungsinsel Spinalónga

Karte: ▶ O 3 | **Dauer:** Bootsausflug (2–5 Std.) mit 45-minütigem Rundgang

Nervenkitzel lockt Besucher in Scharen auf die kleine Festungsinsel Spinalónga. Nicht, um die Festungsanlagen der Venezianer zu besichtigen. Man kommt, um die letzte Leprakolonie Griechenlands zu sehen, die erst 1953 aufgelöst wurde.

Venezianische Herrschaft

Gegen Ende des 16. Jh. errichteten die Venezianer zur Verteidigung Kretas eine Festungsanlage auf der der großen Schwesterinsel nördlich vorgelagerten nur 8 ha kleinen Insel gleichen Namens. Im Zentrum der Festung sind nur noch wenige venezianische Gebäude sichtbar, doch ist die Außenmauer bis auf einige Abschnitte, die für eine Uferstraße zerstört worden sind, in relativ gutem Zustand erhalten. Kurz hinter dem heutigen **Eingang** 1 liegt das historische **Südtor** 2, das einen Hilfszugang zur Festung sicherstellte. Auffallend ist das oberhalb liegende Halbmondwerk der **Mocenigo-Barbarigo** 3, das als gutes Bollwerk gegen feindliche Angriffe diente.

Entlang des Hauptwegs auf der Westseite sind einige venezianische Bauwerke sichtbar. Auffallend sind die großen, überwölbten **Zisternen** 4, das offizielle Festungstor **Porta Maestra** 5 sowie das venezianische **Garnisonsgebäude** 6, das noch bis 1953 als Desinfektionsstation der Leprakolonie genutzt wurde. In einem Ofen wurden dort zum Beispiel Gegenstände ste-

64

6 | Festungsinsel Spinalónga

rilisiert, die von der Insel gebracht werden sollten. Seit kurzem erst ist eine der drei Kirchen begehbar. Die dreischiffige **Kirche Ágios Panteleímonas** 7, dem Schutzheiligen der Aussätzigen geweiht, liegt ebenfalls auf der Westseite der Festung.

Türkische Herrschaft

Nach der Eroberung durch die Türken 1715 wurde Spinalónga hauptsächlich von Moslems bewohnt. Ende des 19. Jh. lebten dort Händler, Handwerker und Seefahrer. Auf dem Marktplatz der Siedlung gab es Lebensmittelgeschäfte, Schuster, Tischler oder auch Bäcker. Die venezianischen Gebäude verschwanden unter den neuen Bauten. Die meisten Wohnhäuser waren zweigeschossig und hatten einen von hohen Mauern umschlossenen Hof. Auch das Straßensystem wurde ausgebaut und neue gepflasterte Gassen entstanden. Auf der Süd- und Westseite zogen sich die Häuser der Siedlung den Hang hinauf. Die Ostseite der Insel blieb aufgrund der starken Winde unbebaut, nur der **osmanische Friedhof** 8 wurde dort angelegt.

Den Aufschwung auf Spinalónga brachten die politischen Entwicklungen Kretas zum Stillstand. Während der Revolte von 1897 wurde die Insel von Aufständischen belagert und bombardiert. Kreta wurde 1898 autonom, und so begann auch auf Spinalónga eine Zeit der Veränderung. Die Moslems fühlten sich unter christlicher Herrschschaft unwohl und begannen, die Insel zu verlassen.

Die Leprakolonie

Nach dem Beschluss der kretischen Regierung im Jahr 1903, Spinalónga zur Leprakolonie zu machen, verließen die letzten gesunden Bewohner die Insel. Die Mauer war kein Schutz mehr vor der Außenwelt, sondern ein Gefängnis für die Menschen darinnen. Erkrankte Kreter und später auch Griechen vom Festland wurden gezwungen, ihre Familien zu verlassen und isoliert auf der kleinen Insel zu leben. Sie übernahmen die zweistöckigen Häuser der Türken, teilten sie sich meist und bauten neue Eingänge.

Jeder, der in der Lage war zu arbeiten, führte seinen Beruf weiter aus. Es gab Priester, Friseure oder Fischer. Sie eröffneten Kafenía und später auch Lebensmittelgeschäfte. Obwohl das Heiraten verboten war, heirateten sie und gründeten Familien. Gesunde Kinder wurden der Familie entrissen und in ein Waisenhaus auf Kreta gebracht. Die medizinische Versorgung war rar und ungenügend, das erste Krankenhaus wurde erst 1937 in der alten **Moschee** 9 errichtet.

Das heilende Medikament aus den USA erreichte die Insel schließlich im Jahr 1948 und erst im gleichen Jahr wurden die ersten Wohnblöcke für Neuankömmlinge vom Staat gebaut. Bis 1957 konnten einige geheilt werden, andere wurden nach Schließung der Kolonie in Athen weiterbehandelt und wieder andere erlagen der Krankheit und blieben für immer auf dem **Friedhof** 10 der Kolonie.

Infos

April–Oktober tgl. 8–16 Uhr (im Sommer auch länger), Eintritt 2 €, Überfahrt von Ágios Nikólaos 15 €, Eloúnda 10 €, Pláka 8 €, Dauer des Rundgangs etwa 45 Min.

Einkehrtipp

Eine kleine *kantina* für Getränke und Toiletten sind auf der Insel vorhanden. Für ein mitgebrachtes Picknick mit Meerblick eignen sich die Festungsbastionen am besten.

Provinz Lassíthi und Ágios Nikólaos

oder gebrannten Ziegeln, die mit einem Dach aus Geäst, Binsen und Lehm gedeckt waren. Im unteren Geschoss befanden sich Werkstätten und Lagerräume, im oberen die Wohn- und Schlafräume (Di–So 8.30–15 Uhr, Eintritt 3 €).

Mochlós ▶ P 4

Das kleine Dorf (90 Ew.) 7 km abseits der Hauptstraße von Ágios Nikólaos nach Sitía ist ein beschaulicher Urlaubsort. Allerdings sind die Strände sehr bescheiden. Seinen besonderen Reiz macht die unmittelbar vorgelagerte kleine **Insel Ágios Nikólaos** aus. Dort legten Archäologen Gemäuer und Gräber aus mittel- und spätminoischer Zeit frei. Kein Linienbusverkehr.

Sitía ▶ R 4

Das erst 1870 neu gegründete Sitía (18 300 Ew.) ist ein beschauliches Städtchen. Große Sehenswürdigkeiten gibt es nicht, die Normalität des Lebens ist das Besondere. Das Leben spielt sich hier abends vor allem entlang des großen, aber recht leeren Hafenbeckens und tagsüber entlang der schmalen, parallel zueinander verlaufenden Hauptstraßen Odós El. Venizélou und Odós Vitzéntzou Kornárou ab.

Kazárma
Das weithin sichtbare Kastell am oberen Stadtrand (unregelmäßig geöffnet) ist das einzige Überbleibsel des venezianischen Sitía, das nach der Einnahme durch die Türken 1648 völlig verödete.

Archäologisches Museum
Odós Praísou (an der Straße nach Ierápetra), Di–So 8.30–15 Uhr, Eintritt 2 €

Moderner Bau mit Funden aus Ostkreta, darunter die Tonstatuette einer stillenden Frau (8./7. Jh. v. Chr.) und der Elfenbein-Torso eines Mannes mit Haaren aus Goldbronze (16. Jh. v. Chr.).

Übernachten
Wie zu Hause – **Archontikó:** Odós I. Kondiláki 16, Tel. 28430 281 72, DZ im Mai ab 28 €, im August ab 30 €. Gepflegte Pension in einem historischen Altstadthaus mit kleiner, schattiger Terrasse, die von allen Gästen gemeinsam genutzt wird. Die deutsche Wirtin Alexandra kümmert sich rührend um ihre Gäste. 10 Zimmer mit Etagenbad, 3 Min. vom Hafen, 10 Min. vom Strand.
Beste Qualität – **Flísvos:** Odós K. Karamanlí (Uferstraße Richtung Vái), Tel. 28430 271 35, www.flisvos-sitia.com, DZ im Mai ab ca. 35 €, im August ab ca. 60 €. 22 geräumige Zimmer mit Klimaanlage in zentraler Lage. Vordere Zimmer zur Hauptstraße hin, rückwärtige Zimmer ruhig. Privatparkplatz.

Essen und Trinken
Große Auswahl – **Cretan House:** Odós Karamanlí 1, Hauptgerichte ab 6 €. Umfangreiche Speisekarte, für jeden Geschmack ist etwas dabei.
Feine Küche – **The Balcony:** Odós Kazantzáki/Ecke Odós Fountalídou, 12–15 und ab 19 Uhr, Hauptgerichte 12–20 €, www.balcony-restaurant.com. Kreative griechische Küche in der ersten Etage eines älteren Stadthauses, viele biologische Produkte werden verwendet. Schön eingerichtet, guter Ausblick aufs Meer.

Ausgehen
Open Air – **Diverso:** Odós Vartholoméou (neben Hintereingang Sitia Bay), meist ab 21 Uhr. In-Club der Einheimischen im Sommer, schöne Terrasse, diverse Musikrichtungen.

Infos
Städtisches Info-Büro: Kiosk an der Uferstraße auf der Südseite des Hafens, Tel. 28430 242 00, www.sitia.gr, Mo–Sa 9.30–14.30, Mo–Fr auch 17.30–21 Uhr.
Busverbindungen: Mit Ágios Nikólaos und Iráklio 6–7 x tgl., mit Ierápetra Mo–Fr 4 x, Sa/So 3 x, mit Vái Mo–Fr 3 x, Sa/So 2 x, mit Palékastro 2 x tgl., mit Káto Zakrós nur Mo, Di, Fr 2 x.

Moní Toploú ▶ R 4

Das um 1500 gegründete Männerkloster auf einer kahlen Hochebene im äußersten Inselosten hat man in den letzten Jahren gründlich restauriert. Starke Wehrmauern umgeben die Kirche und das 10 m hohe Hauptgebäude, vor dem Kloster liegen die Wirtschaftsräume, eine Mühle und die alte Friedhofskapelle. Große Teile des Klosters dienen heute als Museum. Gezeigt werden alte Stiche, liturgische Geräte und Gewänder sowie Ikonen. Die schönste aller Ikonen aber hängt noch in der Kirche (links vor der Ikonostase): Ihre 61 Szenen illustrieren die 61 Verse des Gebets »Groß bist Du, Herr«.

Infos
Geöffnet tgl. 9–13 und 14–18 Uhr, Museum nur April–Okt., Eintritt 3 €.

Vái ▶ S 4

Der Palmenstrand von Vái (spr. va-i) zählt zu den am meisten besuchten Ausflugszielen der Insel. Der unter Na-

Palmen säumen die Hafenpromenade von Sitía

Provinz Lassíthi und Ágios Nikólaos

turschutz stehende Dattelpalmenhain ist ein Genuss fürs Auge. Er ist eingezäunt und darf aus Naturschutzgründen nicht betreten werden, einige Palmen stehen aber auch direkt auf dem Strand. Die Badefreuden werden im Hochsommer durch Menschenmassen getrübt. Man kann hier inzwischen Wasserski fahren, mit Sauerstoffflaschen tauchen oder am Fallschirm segeln sowie in zwei Tavernen essen und trinken – nur am Strand schlafen ist jetzt streng verboten. Neben den Tavernen und einem riesigen, gebührenpflichtigen Parkplatz gibt es keine weitere touristische Infrastruktur.

Infos
Busverbindung: 2–3 x tgl. mit Sitía.

Palékastro ▶ S 4

Das erst nach 1850 gegründete Dorf (1100 Ew.) ist insbesondere bei Individualreisenden beliebt. Ein Moped zu mieten ist empfehlenswert, da die nächsten Strände 2 km vom Dorf entfernt liegen.

Roussolákkos
Am Chióna-Strand, frei zugänglich. Die nach Knossós zweitgrößte spätminoische Siedlung der Insel. Die Ausgrabungen haben Straßenzüge und Grundmauern vieler Häuser aufgedeckt.

Strände
Viele Sand- und Kiesstrände im Umkreis bis 10 km. Am nächsten (2 km) liegt der

Baden oder relaxen im Palmenschatten – in Vái geht beides

lange Sandstrand **Chióna Beach** mit mehreren Tavernen.

Xerókambos ▶ R/S 5
Kleine Sandbuchten mit flach abfallendem Ufer und ein langer Sandstrand im völligen touristischen Abseits machen den Reiz dieser Streusiedlung (65 Ew.) aus. Wer Ruhe sucht, wird sie hier finden. Ein paar Tavernen und Pensionen sind allerdings vorhanden (kein Linienbusverkehr).

Übernachten
Gut betreut – **Haus Margot:** An der Straße nach Sitía, Tel. 28430 612 77, www.palekastro.gr, DZ 24–30 €, Air Condition 5 € extra. Liebevoll geführte Pension mit kretisch-schwäbischem Wirtsehepaar, hübsch eingerichtete Zimmer (wahlweise 20 oder 28 m²), nachmittags Tee und Kaffee kostenlos.
Herrlicher Garten – **Marína Village:** Außerhalb des Ortes, gut ausgeschildert, Tel. 28430 612 84, www.marina village.gr, DZ im Mai ab 60 €, im August ab 65 €. 32 Zimmer in mehreren zweigeschossigen Gebäuden in einem schönen Garten mit Pool und Tennisplatz, 15 Gehminuten vom Strand. Zum Hotel gehört außerdem ein Apartment für vier Personen in einem alten Haus direkt am Strand von Chióna.

Essen und Trinken
Äußerst romantisch – **Bátis:** Am Chióna-Strand, Hauptgerichte 6–10 €. Tische und Stühle auf einer Terrasse am Meer unter Tamarisken.
Beste Fischsuppe – **Chióna:** Am Chióna-Strand, Hauptgerichte 6–10 €. Restaurant mit einer auf drei Seiten vom Meer umspülten Terrasse.

Sport und Aktivitäten
Bikerparadies – **Freak Bike:** Palékastro, Tel. 69858 102 40, www.freak mountainbike.com. Äußerst professionell von einem Flamen betrieben.
Surferparadies – **Freak Surf:** Koureménos Beach, Tel. 69792 538 61, www. freak-surf.com. Hannes Unterweger und Davina Payne kennen sich in diesem Starkwindrevier bestens aus.

Infos
Internet: www.palaikastro.com.
Busverbindung: Sitía und Vái 2 x tgl., mit Káto Zakrós nur Mo, Di, Fr 2 x tgl.

Zakrós, Káto Zakrós, Tal der Toten ▶ S/R 5

`direkt 7|` S. 70

Ierápetra ▶ O 6

Die einzige Stadt (11 700 Ew.) an Kretas Südküste liegt in einer weiten, flachen Ebene am Libyschen Meer, umgeben von Tausenden von Gewächshäusern. Schön ist die kleine Altstadt; bedeutende Sehenswürdigkeiten gibt es nicht.

Kalés
Odós Samuíl, Di–So 8–15 Uhr, Eintritt frei
Kleines venezianisches Kastell aus dem Jahr 1626, vom Nordwestturm bietet sich ein schöner Blick über die Stadt.

Moschee
Odós Vitzéntzos Kornáros, keine Innenbesichtigung möglich
Restaurierter Bau mit Minarett und Reinigungsbrunnen.

Archäologische Sammlung
Platía Kanoupáki/Odós Dimokratías, Di–So 8–15 Uhr, Eintritt 2 €
Das etwas lieblos gestal- ▷ S. 72

7 | Im Oleanderwald – Zakrós und das Tal der Toten

Karte: ▶ R/S 5 | **Dauer:** Wanderung, 2–3 Std.

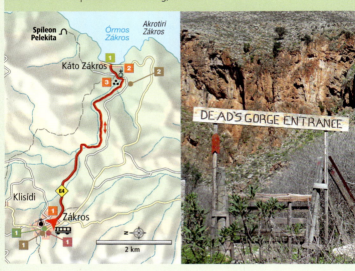

Káto Zakrós ist das am weitesten von Iráklio entfernte Dorf Ost-Kretas, das 1961 durch die Entdeckung eines minoischen Palastzentrums nahe dem Meer international bekannt wurde. Am schönsten besucht man es zu Fuß vom Bergdorf Zakrós aus bei einer Wanderung durch die Oleanderwälder im ›Tal der Toten‹.

Das Bergdorf (800 Ew.) **Zakrós** 1 liegt 8 km vom Meer entfernt. 2013 wurde hier ein modernes Naturkundliches Museum eröffnet. Von Zakrós führt die Asphaltstraße 8 km hinab bis zur Sommersiedlung **Káto Zakrós** 2 mit einem langen Kies- und einem kurzen Sandstrand. Entlang der Uferstraße stehen Tavernen, in der sanft ansteigenden Küstenebene dahinter auch locker im Grünen verstreut kleine, absolut ruhige Pensionen – und etwa fünf Gehminuten vom Ufer entfernt die Ausgrabungen des einzigen **minoischen Palastzentrums** 3, das nie geplündert und überbaut wurde.

Bach-Hüpfer

Der gut ausgeschilderte Fußweg von Zakrós nach Káto Zakrós beginnt an der Platía des Bergdorfs. Zunächst geht es 15 Min. lang auf einem Betonweg durchs Dorf abwärts. Dann ist bereits das Platanenband des Bachtals zu erkennen, das vorbei an einem kleinen

7 | Zakrós und das Tal der Toten

Wasserfall erreicht wird. In der Folge ist der Bach viermal ohne Brücke zu überqueren. Mal liegen Trittsteine im Wasser, mal muss man sich vielleicht mit Hilfe eines herumliegenden Stocks hinüberschwingen. Dann ist die Betonstraße erreicht, die zum Palast führt. Im unteren Drittel des Bachtals geht der Wanderer häufig durch bis zu 6 m hohe Oleanderbüsche, die zwischen Mai und August in voller Blüte stehen. In den Felswänden der Schlucht sind immer wieder Grotten zu erkennen. Hier wurden bis in frühchristliche Zeit Tote beigesetzt – daher auch die Bezeichnung des Canyons als ›Tal der Toten‹.

Palast-Schildkröten
Der viertgrößte minoische Palast der Insel wurde um 1900 v. Chr. erstmals und dann nach seiner Zerstörung um 1600 v. Chr. ein zweites Mal erbaut. Seine Lage prädestinierte ihn zum Handel mit Ägypten und dem Nahen Osten, was die Funde auch bestätigen. Der Palast bestand aus rund 300 Räumen, die sich wie in Knossós über mehrere Stockwerke verteilten. Der Westflügel diente vor allem kultischen Zwecken, im Ostflügel waren die Residenzen der Oberschicht und die Verwaltungsbüros eingerichtet. Im Südflügel fanden die Archäologen Werkstätten, im Nordflügel Lagerräume. Der Palast war von einer Wohnstadt mit gepflasterten Gassen umgeben, an denen geräumige Häuser standen. Heute stehen die tiefer gelegenen, zentralen Teile der Ausgrabungen zum Teil unter Wasser. Frösche sind zu hören, große Sumpfschildkröten sonnen sich auf 3500 Jahre alten Mauerresten und herumliegenden Steinen.

Anfahrt
Busverbindung: Mo–Fr 2–3 x tgl. ab Sitía, Sa/So nur 1 x tgl., ca. 75 Min.

Öffnungszeiten und Preise
Mai–Okt. tgl. 8–20 Uhr, Nov.–April Di–So 8.30–15 Uhr, Eintritt 3 €

Strände
Káto Zakrós: 500 m langer Kiesstrand [1] mit idyllischen Tavernen vor schöner Kliffkulisse.

Übernachten
Zakrós [1]: Platía von Zakrós, Tel. 28430 268 87 und 69829 110 51, www.zakros-crete.com, DZ 25–35 €. Einfaches Hotel mit 24 Zimmern und Minibus. Gäste werden nach der Wanderung durchs Tal der Toten von Wirt Níkos Platanákis kostenlos abgeholt.
Stella's [2]: Etwa 5 Minuten vom Strand südwestlich des Palastes, Tel. 28430 237 39, www.stelapts.com, DZ je nach Saison und Aufenthalt 40–80 €. Ruhig gelegene, ebenerdige Anlage mit 5 Studios und 3 Apartments, alle mit Terrasse im blütenreichen Garten. Außerdem vermieten die Inhaber auch fünf moderne, aus Stein erbaute Ferienhäuser.

Essen und Trinken
Napoleon [1]: Im Bergdorf Zakrós an der Straße Richtung Káto Zakrós, Hauptgerichte ab 6 €. Die einzige richtige Taverne im Ort serviert auch Pizza.
Káto Zakrós: Zahlreiche einfache, gute Tavernen entlang der Uferstraße.

Einkaufen
Mélion [1]: Zakrós, Platía, Mo–Sa 8.30–13.30 und 17–21 Uhr. Die Frauenkooperative des Dorfes hat einen alten Krämerladen in eine Patisserie verwandelt, in der nach alten kretischen Rezepten gebacken wird. Die Damen legen Wert auf schöne Verpackung.

Provinz Lassíthi und Ágios Nikólaos

tete Museum in einer alten türkischen Schule birgt mehrere griechisch-römische Statuen und vier schöne spätminoische Sarkophage.

Strände

Ein kilometerlanger Kiesstrand mit einigen wenigen eingelagerten Sandflächen und stellenweise Felsschollen im Wasser zieht sich vom Stadtzentrum aus gen Osten. Im Westen liegt ein ebenfalls sehr langer Grobsandstrand. Lohnenswert ist für motorisierte Urlauber auch die Fahrt zum 5 km östlich gelegenen, kilometerlangen grauen Sandstrand von **Koutsounári.**

Übernachten

Viel Flair – **Cretan Villa:** Odós Oplárchou Lakérda 16A (nahe dem Busbahnhof, dort Wegweiser), Tel. 28420 285 22, www.cretan-villa.com, ganzjährig geöffnet, DZ im Mai 38 €, im August 50 €, Air Condition 6 € extra. Sehr stimmungsvolle Pension in 200 Jahre altem Haus mit schönem Innenhof, 9 Zimmern und Manólis als kontaktfreudigem jungen Wirt.

Up to date – **El Greco:** Odós Kothrí 42, Tel. 28420 284 71, www.elgrecoierapetra.gr, DZ im Mai ab ca. 70 €, im August ab ca. 90 €. Modern eingerichtetes Hotel mit 33 Zimmern an der autofreien Uferpromenade.

Essen und Trinken

Osterlamm das ganze Jahr – **Astroféngia:** Odós Samuíl 7 (Lamm 9,50 €, Hauswein 8 €/l. In der Taverne bekommen Sie das ganze Jahr über Lamm, so gegrillt wie traditionell zu Ostern. Andíchristó nennt man es hier.

Ganz süß gemacht – **Giarakáki:** Odós Oplárchou Lakérda 13, tgl. ab 20.30 Uhr, *mezédes* meist 4–5,50 €. Der junge Wirt Mathéos Provátas hat den Innenraum und den Innenhof seines Mezedopólio liebevoll eingerichtet. Der Innenhof erinnert durch weiße Stühle, hohe Mauern und blaue Fensterläden

Ein markanter Uhrturm setzt den Akzent am großen Fischerhafen von Ierápetra

an alte griechische Filme, modern inszeniert. An einigen Abenden treten lokale Musiker auf und ersetzen den griechischen Pop durch *laiká, rembetiká* oder kretische Musik. Einige kretische *mezédes* werden modern verändert, wie die Auberginenröllchen *roló melitzánas,* gefüllt mit getrockneten Tomaten, Schafskäse und Schweinefleisch (4 €). Vorzüglich auch die Desserts.

Ausgehen
Treff der Einheimischen – **Flogiá:** Odós Kírwa, tgl. ab 21 Uhr. Eigentlich heißt der Laden Oinopnévmata, aber weder ein Schild weist darauf hin, noch kennt jemand die Ouzerí unter diesem Namen. Die Einheimischen treffen sich einfach bei Pavlís. Zum Bier oder Ráki (Karaffe 3 €) gibt es einige Tellerchen *mezedákia.*

Infos
Busverbindungen: Mit Ágios Nikólaos und Iráklio 8 x tgl., mit Análipsi 3–4 x tgl., mit Sitía 3–4 x tgl., mit Mírtos Mo-Fr 5x, Sa 2x tgl.

Chrisí ▶ O 7

direkt 8l ▷ S. 74

Análipsi und Makrigialós ▶ Q 5

Die beiden zusammengewachsenen Straßendörfer an der Südküste (900 Ew.) ziehen sich auf über 1 km Länge an einem Grobsand-Kies-Strand entlang, ihr touristisches Zentrum bildet der kleine Hafen mit mehreren Cafés und Tavernen. Auf dem flachen Felsplateau dahinter steht die Hauptkirche neben den Überresten einer römischen Villa. Spärliche Ruinen einer spätmi-noischen Villa liegen frei zugänglich 200 m abseits der Küstenstraße (Wegweiser vorhanden).

Vom Hafen aus fahren gelegentlich Ausflugsdampfer zur unbewohnten Insel **Koufoníssi** mit ihren traumhaften Feinsandstränden und einer in den Dünen dahinter versinkenden **römischen Siedlung,** von der neben ein paar Hausruinen auch die Reste eines kleinen Theaters aus dem Sand ragen (Infos nur in den Reisebüros vor Ort). Die Insel war in der Antike recht wohlhabend, denn hier wurden Purpurschnecken gezüchtet, deren Farbstoff man für die kaiserlichen Gewänder benötigte.

Moní Kapsá ▶ Q 5
8 km östlich von Análipsi unmittelbar an der Küstenstraße, tgl. 6.30–12.30, 15.30–19 Uhr. Johannes dem Täufer und einem Lokalheiligen namens Josíf geweihtes Männerkloster (15. Jh.) mit Bauten aus dem 19. Jh., das wie ein Schwalbennest an einer steil aufragenden Felswand ›klebt‹. Sehr fotogen!

Mírtos ▶ N/O 6

Der kleine, einst insbesondere bei Rucksacktouristen beliebte Küstenort hat viel von seinem alten Flair bewahrt, das heute vor allem Niederländer zu schätzen wissen. An der nur etwa 300 m langen Uferpromenade und an den engen Gassen des Dorfkerns liegen Cafés und Tavernen, Einheimische sitzen vor ihren Häusern an der Straße, die Urlauber wohnen in kleinen Pensionen statt in großen Hotels. Nach Westen hin schließt sich ein guter Sand-Kiesstrand an. Unmittelbar an der Brücke Richtung Ierápetra führt ein ausgeschilderter Fußpfad in etwa 10 Minuten zu den Überresten einer Siedlung aus dem 3./2. Jt. v. Chr.

8 | Traumziel für Zivilisationsmüde – die Insel Chrisí

Karte: ▶ O 7 | **Dauer:** Bootsausflug ab Ierápetra, ein Tag

Die Insel Chrisí (auch Chrissí) 15 km südwestlich von Ierápetra ist für alle Strand- und Naturfreunde das perfekte Fleckchen für eine Auszeit. Es gibt nur eine Taverne und eine Beach Bar, ansonsten kein Wohnhaus, weder Hotels, Pensionen noch Campingplätze. Hinüber kommt man jeden Tag – mit konventionellen Ausflugsschiffen und schnittigen kleinen Motoryachten.

Chrisí ist Natur pur. Auf der etwa 5 km langen, maximal 1,5 km breiten und 31 m hohen Insel, von den Einheimischen auch Gaidouroníssi (›Eselinsel‹) genannt, hat kretische Bauwut keine Chance, finden Schafe und Ziegen keine Weidegründe. Die Insel steht unter Naturschutz. Die einheimische Tierwelt ist zwar artenarm, doch während des Vogelzugs rasten hier über 120 verschiedene Vogelarten. Zu den auf Chrisí heimischen Tieren gehören auch zwei Eidechsenarten und als einzige Schlange die dem Menschen völlig ungefährliche Europäische Katzennatter.

Für viele Kreter ist Chrisí ein Ort der Ruhe – und in heißen Sommernächten auch ein Platz für ausgelassene Beachpartys, bei denen jeder raucht, was er will. Übernachten ist auf Chrisí zwar offiziell verboten, aber private Yachten hindert niemand daran, die Insel zu jeder Tages- und Nachtzeit anzulaufen. Und Verbote werden auf Kreta ohnehin nicht immer befolgt.

Ankunft auf Chrisí

Der kleine Anleger, an dem alle Ausflugsdampfer und Yachten festmachen, liegt auf der Afrika zugewandten Südseite der Insel. In der einzigen **Taverne** **1** gleich daneben liegen Fischer im Schatten, entgehen dem Stadtleben mitsamt seinen Regeln und Verpflichtungen. Im Sommer leben sie hier wo-

8 | Insel Chrisí

chenlang weit entfernt von Alltagsproblemen und Stress. Morgens und abends, wenn die Besucher nicht dort sind, sind sie unter sich – und auch im Winter ziehen sie sich manchmal hierher zurück. Wer sich mit ihnen anfreundet, wird gelegentlich auch einmal eingeladen, über Nacht zu bleiben.

Quer über die Insel

Durch ein Dünental geht es von der Taverne in etwa 10 Minuten hinüber zum Hauptstrand an der Nordküste. Die Dünen sind keineswegs kahl. Auf ihnen wächst bizarr und formenreich der Großfruchtige echte Stechwacholder, der seine Wurzeln im und über dem Sand in allen erdenklichen Formen in alle Richtungen ausstreckt. Viele Exemplare sind über 200 Jahre alt – nur schade, dass sie keine Geschichten zu erzählen vermögen.

Der Strand auf der Nordseite ist viele hundert Meter lang. Die kleine **Beach Bar** 2 in der Mitte erscheint wie eine Oase inmitten des Sandes. Zahlreiche Sonnenschirme und Liegen stehen zum Anmieten bereit, aber wie überall auf Kreta kann man auch sein mitgebrachtes Handtuch am Strand ausbreiten. Das Wasser über dem sandigen Untergrund ist klar, schimmert in vielerlei Blau-, Grün- und Türkistönen. Schön sind vor allem einige Stellen, die nur aus unzähligen kleinen Muscheln bestehen. Auch der Anblick der gegenüberliegenden kretischen Berge ist betörend: Man weiß sich der Zivilisation so nah – und ist ihr doch fern.

Wanderung für Entdeckernaturen

Im Hochsommer brennt die Sonne oft unbarmherzig heiß auf Chrisí nieder. Dann wird niemand Lust verspüren, die Insel in etwa drei Stunden zu umrunden. An kühleren Tagen gibt es dabei aber viel Schönes zu entdecken: Fossilien und versteinerte Muscheln am Meeressaum, farbige Lava- und Kieselschieferschichten, Mastixsträucher, Heide und Wälder aus phönizischem Wacholder. Einziges intaktes Bauwerk am Wegesrand ist eine kleine Nikolaus-Kapelle – ansonsten ist der Wanderer mit der Natur und sich selbst allein.

Hinkommen
Ausflugsschiffe: Abfahrt Ierápetra tgl. 10.30 und 12.30 Uhr, Rückkehr zwischen 18 und 18.30 Uhr. Tickets:am Boot oder in Reisebüros. Preis: 20 € (stark verhandelbar). Überfahrt 30–60 Min.
Motoryacht: Mit nur vier bis acht Passagieren an Bord fährt die schnittige Motoryacht »Nautilos« nach Chrisí hinüber. Infos und Anmeldung unter Tel. 28420 899 89, www.ierapetra.net/nautilos. Preis: 27,50 €.
Organisierte Ausflüge mit Bustransfer vom und zum Hotel werden in fast allen Urlaubsorten zwischen Ágios Nikólaos und Iráklio angeboten.

Gegen Hunger und Durst
Für das leibliche Wohl sorgt die **Taverne** auf der Südseite mit einfachen griechischen Gerichten sowie Fleisch und Fisch vom Holzkohlengrill. In der **Beach Bar** am Hauptstrand sind Getränke und Snacks erhältlich. Beide verfügen über einfache sanitäre Einrichtungen.

75

Provinz Réthimno

Réthimno ▶ F 3

Réthimnos historische Altstadt bedeckt eine Halbinsel, die von den Mauern einer großen venezianischen Burg überragt wird. Mehrere Minarette ragen in den Himmel, an den engen Gassen stehen noch einige schöne türkische Häuser mit hölzernen Fassaden im Obergeschoss. Bereits am Rande der Altstadt beginnt ein breiter Sandstrand, der sich 16 km weit nach Osten bis hin zu dem Weiler Skaletá erstreckt. Ihn säumen in lockerer Bebauung zahlreiche Hotels. Den Übergang von der Alt- zur Neustadt markiert die Platía 4 Mártiron mit dem angrenzenden Stadtpark. Von hier dehnen sich die Neubauten der mit rund 56 000 Einwohnern drittgrößten Stadt Kretas immer weiter entlang der Ufer und die Berghänge hinauf aus.

Venezianischer Hafen [1]

Im kleinen Hafenbecken dümpeln die Fischer- und Ausflugsboote vor sich hin, an der Kaimauer reihen sich die Tavernen. Die Hafenausfahrt markiert ein gut erhaltener venezianischer Leuchtturm.

Rimondi-Brunnen [2]

Platía Petacháki, frei zugänglich
Rest eines venezianischen Brunnens von 1623. Der Großteil wurde 1930 zur Straßenverbreiterung abgerissen.

Folklore-Museum [3]

Odós Vernárdou 28, Mo–Sa 9.30–14.30, Mi auch 16–18 Uhr, Eintritt 4 €
Trachten, landwirtschaftliche Geräte und altes Kunsthandwerk.

Archäologisches Museum [4]

Gegenüber dem Eingang zur Fortezza, Di–So 8–15 Uhr, Eintritt 3 €
Antike Funde aus der Region, ansprechend präsentiert in der **Fortezza,** einem ehemaligen venezianisch-türkischen Gefängnisbau.

Fortézza [5]

Auf dem Hügel an der Spitze der Landzunge, auf der die Altstadt liegt. Ostern–Okt. tgl. 8–20 Uhr, Eintritt 3 €
Venezianische Festungsmauern aus dem späten 16. Jh. mit Moschee, einer Kapelle, Ruinen von Wohngebäuden und Zisternen sowie einem Sommertheater.

Strände

Schon am Altstadtrand beginnt der bis zu 50 m breite Grobsandstrand, der sich 16 km weit nach Osten zieht.

Übernachten

Zentral und günstig – **Castéllo** [1]:
Platía Karaóli Dimitríou 10, Altstadt, Tel. 28310 235 70, www.castello-rethymno.gr, DZ ab 50 €. Pension mit nur 8 Zimmern, jeweils mit Balkon, ganz ruhig und doch zentral gelegen. Die Zimmer gehen alle auf einen blumenreichen Innenhof mit Tischen und Stühlen, wo das Frühstück serviert wird. Inhaberin María Giannakoudáki spricht gut Englisch.

Réthimno

Mit Parkplatz – **Fortézza** 2: Odós Melissínou 16, Tel. 28310 555 51, www.fortezza.gr, DZ 62–98 €. Modernes Haus in der Altstadt, mittelgroßer Pool im Innenhof, Privatparkplatz direkt gegenüber.

Mit Stil – **Palazzo Vecchio** 3: Odós Iróon Politechníou/Ecke Odós Melissínou, Tel. 28310 353 51, www.palazzovecchio.gr, DZ im Mai ab ca. 70 €, im August ab ca. 90 €, 10% Rabatt für Internetbuchungen. Stilvolles, kleines Hotel in einem venezianischen Haus aus dem 15. Jh. mit kleinem Innenhof und Pool.

Essen und Trinken
Für Fisch – **Knossós** 1: Fischrestaurant am venezianischen Hafen, Hauptgerichte 8–22 €. Seit 60 Jahren in Familienbesitz und ohne Angestellte betrieben.

Für Feinschmecker – **Avlí** 2: Odós Xanthoudídou 22, Altstadt, tgl. ab 13 Uhr, www.avli.gr, Hauptgerichte 14–35 €. Eins der besten Restaurants auf ganz Kreta mit gehobener mediterraner und kreativer griechischer Küche. Dazu verwahrt der Sommelier exzellente griechische Weine.

Einkaufen
Viele Geschäfte, in denen auch Einheimische einkaufen, liegen an der Odós Arkadíou und an der Odós Ethnikís Antistáseos. An Urlauber wenden sich zahllose Läden an der Odós Soúli und an der Odós Arabatzóglou.

Wochenmarkt: Do am Stadtpark, Sa am Busbahnhof.

Ausgehen
Filme openair – **Astéria** 1: Odós Melissínou 23, Eintrit 7 €. Freiluftkino mit

Mittags prägt schläfrige Idylle den Hafen von Réthimno

der Fortezza im Rücken. Gezeigt werden zweimal am Abend meist englischsprachige Streifen im Originalton mit griechischen Untertiteln.

Party-Location – **Livingroom** 2: Odós El. Venizélou 5, tgl. ab 10 Uhr. Lounge mit mondänem Design und Kunst an den Wänden, auch für Champagner-Partys gerüstet.

Jung und bodenständig – **Rakádika** 3: In der Odós Vernádou in der Altstadt liegen mehrere solch typisch kretischer Lokale dicht beieinander. Hier trifft sich die Szene bei Rakí, Wein, kleinen kretischen Spezialitäten und jeder Art von Musik – darunter immer auch kretische Lýra-Musik. Eine vergleichbare Gasse gibt es sonst auf Kreta nicht.

Sport und Aktivitäten

Mountainbiking und Radwanderungen – **Olympic Bike** 1: Adelianós Kámbos 32, an der Uferstraße zwischen den Hotels Golden Beach und Adele Beach auf der anderen Straßenseite, Tel. 69442 205 13, www.olympicbike.com. Tgl. wechselnde Tagestouren, Verleih.

Wandern – **Happy Walker** 2: Tombazi 56, Tel 28310 529 20, www.happywalker.com, tgl. 17–20.30 Uhr (1. Juli–15. Sept. Sa/So geschl.). Geführte Wanderungen zu tgl. wechselnden Zielen mit den Holländern Ineke und Anton.

Wandern und Biken – **Nature & Adventure** 3: Odós K. Gikamppoudáki 14, Tel. 69775 415 50, www.nat-adv.gr. Geführte Wanderungen und Radtouren,

Réthimno

Sehenswert
1. Venezianischer Hafen
2. Rimondi-Brunnen
3. Folklore-Museum
4. Archäologisches Museum
5. Fortezza

Übernachten
1. Castello
2. Fortézza
3. Palazzo Vecchio

Essen und Trinken
1. Knossós
2. Avli

Ausgehen
1. Asteria
2. Livingroom
3. Rakidádika

Sport und Aktivitäten
1. Olympic Bike
2. Happy Walker
3. Nature & Adventure
4. Atlantis Diving Centre

u. a. im weltabgeschiedenen Tal von Amári (**direkt 9l** ▶ S. 80), von Manólis Karagiannákis auch auf Deutsch geführt.

Wassersport – **Atlantis Diving Centre** 4: Im Aguila Rithymna Beach, Tel. 28310 710 02, www.atlantis-creta.com. Kurse in Deutsch.

Infos und Termine

Tourist-Information: Aktí El. Venizélou (Uferstraße), Tel. 28310 291 48, www.rethymno.gr.
Stadtbusse: Ab Platía 4 Martíron 7–22 Uhr alle 30–45 Min. zu den Hotels östlich der Stadt bis hin nach Skaletá.
Fernbusse: Ab Busbahnhof am Periferiakí Leofóros; nach Iráklio und Chaniá 6–22 Uhr alle 30–45 Min. Weitere Verbindungen s. Zielorte.
Rote Doppeldeckerbusse: Die Cabriobusse fahren 9–19 Uhr stündlich vom Stadtpark aus um die Altstadt, durch die Neustadt und in mehrere Dörfer. An 12 Stationen kann man ein- und wieder aussteigen, Tagestickets 12 €.
Bootsausflüge: Tgl. nach Maráthi auf der Halbinsel Akrotíri mit Gelegenheit zum Schnorcheln und Angeln. Tickets vor den Booten am venezianischen Hafen (www.dolphin-cruises.com).
Karnevalsumzug: Faschingssonntag.
Renaissance-Festival: Ende August/Anfang September. Konzerte und Theateraufführungen an 12 Tagen vor allem in der Fortezza. ▷ S. 83

9 | Das vergessene Tal – Amári

Karte: ▶ G/H 4 | **Dauer:** Rundfahrt mit MTB, Motorrad oder Auto, ein Tag

Im Westen und Südwesten zieht sich das grüne Amári-Tal am Hang des Psilorítis-Gebirges entlang. Keine Fernstraße durchzieht es, Fremde kommen nur selten hierher. Die Dörfer sind still und ursprünglich geblieben, aber auch hier gibt es einiges zu sehen, Leckeres zu verkosten und vor Ort hergestellte Souvenirs zu kaufen.

Vom Stausee zum Thron

Die Fahrt ins Landesinnere beginnt in **Perivólia** 1, einem Badeort östlich von Réthimno. Sie führt an Giannoúdi vorbei nach **Prassiés** 2. Heute ist hier nichts mehr los, doch die Platía zeigt, wie stark das Wirtschaftsleben der Binnendörfer noch in Vorkriegszeiten war. Am weiten Dorfplatz rechts unterhalb der Dorfstraße steht der massive Bau einer Olivenpresse, links und rechts wohnten zwei wohlhabende Familien.

Um die Landwirtschaft auf Kreta überhaupt noch halbwegs lukrativ zu machen, brauchen die Bauern genug Wasser für ihre Felder. Ein erster großer Stausee bei Ierápetra im Südosten Kretas hat dort die Grundlagen für eine ausgedehnte Gewächshauskultur geschaffen. 2008 wurde dann im Süden des Amári-Tals ein weiterer großer Stausee geflutet, der **Technitikí Límni Amarioú** 3.

Über die Staumauer und am Seeufer entlang geht die Fahrt nun nach **Thrónos** 4, 560 m hoch am Hang des Psilorítis gelegen. Hier parken Sie am besten an der **Taverne Aravánes** im Dorfzentrum. Die Wirtsleute dort können dafür sorgen, dass Ihnen die kleine byzantinische **Kirche Kímisis tis Theotókou** aufgeschlossen wird, die vor etwa 1000 Jahren über den Grundmauern einer frühchristlichen Basilika erbaut wurde. Ihre gut erhaltenen Fresken stammen aus der Zeit um 1400.

Wer gern ein Stündchen lang die Natur genießen will, geht von der Kirche aus die Straße ein paar Meter weiter und folgt zu Fuß den Wegweisern »Greek-Italian Excavation«. In völliger Einsamkeit liegen hier mit weitem Blick über das grüne Amári-Tal die spärlichen Überreste der antiken Stadt Sývritos.

> **Übrigens:** Sie können in der Taverne Araványes auch getrocknete Kräuter und handgeschnitzte Hirtenstäbe kaufen. Sie stammen garantiert aus der Region!

Engel und Olivenholzschnitzer
Nächstes Ziel ist das **Kloster Moní Asómaton** 5, das ›Kloster der Körperlosen‹. Mit diesem Begriff werden in der Orthodoxie gern die Engel belegt. Das Kloster wurde bereits in den 1930er-Jahren von den Mönchen verlassen und dient jetzt als Landwirtschaftsschule mit agrarwissenschaftlicher Versuchsstation.

In der Klosterkirche wird eine mit getriebenem Silberblech beschlagene Michaelsikone verehrt. Vor ihr liegen ein Schwert und winzige Schühchen aus Silberblech: In seinem Kampf gegen das Böse ist der Erzengel ja viel unterwegs, daher unterstützen ihn die Gläubigen mit symbolischem Schuhwerk. Ebenso naiv-rührend wie diese Sitte sind auch die fünf Ikonen an der Ikonostase, die drastisch die Geschichte Adams und Evas von der Schöpfung bis zu ihrer Vertreibung aus dem Paradies erzählen.

In seinem selbstgewählten Paradies, dem Dorf **Vizári** 6, schnitzt und drechselt Yánnis Voskákis wie einst sein Vater Níkos Schönes aus Olivenholz. Gegenüber seiner Werkstatt an der Platía weist ein Schild zur fünf Autominuten entfernten »**Bizári Basilica**« 7. Die Überreste einer Basilika aus dem 5. Jh. liegen einsam zwischen Feldern.

Schwalben und ein Kirschlikör
Das kleine Dorf **Amári** 8, das dem ganzen Tal seinen Namen gab, zählt heute nur noch etwa 200 Bewohner. Am Dorfplatz steht ein winziges volkskundliches Museum den ganzen Tag über offen, das in einem Raum land- und hauswirtschaftliche Gerätschaften sowie einen Webstuhl zeigt. Zu Fuß kann man in etwa 5 Min. hinauflaufen zum markanten Glockenturm, der das Bild des Dorfes prägt.

Letztes Ziel im Tal ist **Gerakári** 9. Nur 20 m von der Platía entfernt wartet die rührige Déspina Bolioudáki in ihrem gleichnamigen Laden gegenüber der Taverne Gerakári auf Kunden, die die kulinarischen Leckereien des Amári-Tals kennenlernen wollen. Sie bietet ihnen ein Schlückchen des von ihr produzierten Cherry Brandy an, nach der Ernte im Juni auch frische Kirschen, sonst getrocknete und in Sirup eingelegte Kirschen oder Kirschmarmelade. Außerdem gibt's die Zimtlimonade *kanelláda* und den Pflaumenmost *wizináda*; und als Reiseproviant *moustalévria*, eine Süßspeise aus Traubenmost, Mehl, Sesam und Walnüssen.

Gebirgspanoramen
Über das bis zu 1777 m hohe Kédros-Gebirge führt von Gerakári eine 10 km lange Passstraße nach **Spíli** 10 an der Hauptverbindungsstrecke zwischen Réthimno und der Südküste. Sie durchquert eine Hochebene, die an Irland oder Schottland erinnert, und gewährt mehrfach eine tolle Aussicht auf die Weißen Berge und das Psilorítis-Gebirge – und manchmal sogar auf beide zugleich. Besonders schön ist der Ausblick im Winter, wenn die Luft klar ist und die beiden Gebirge tief verschneit sind.

Provinz Réthimno

Info
Kloster Moní Asómaton 5: Die Kirche ist meist verschlossen. Gottesdienste Sa 18–19 und So 7–11 Uhr.

Verkehrsmittel
Busse: Ab Réthimno in die Dörfer des Amári-Tals Mo, Mi, Fr 5.30 und 14.30 Uhr, Rückfahrt 6.45 und 15.30 Uhr, hin und zurück 9 €.

Bergstrecke
Mit einer schwach motorisierten Vespa ist die Strecke nicht gut zu schaffen, mit dem Mountainbike nur von Trainierten. Wer mit dem Linienbus anreist, kann aber nicht alles sehen.

Für alle Fälle
Taverne Aravánes 1: Thrónos, gut ausgeschildert, tgl. ab 8 Uhr, Tel. 28330 227 60, Hauptgerichte ab 7 €, DZ 35–40 €. Die aus dem Dorf stammende Familie Papoutsákis liebt ihr Heimatdorf und will hier nicht weg. Deswegen hat Vater Lambrós eine Taverne gebaut und vermietet auch fünf Fremdenzimmer. Das Grundstück bietet Kindern genug Platz zum Spielen, kann dank eines Miniaturtheaters auch Folkloreveranstaltungen und Theaterseminaren Raum geben. Lambrós gibt auch gute Tipps für Wanderungen am Psilorítis.

Gut essen
Kládos 1: An der Einfahrt zum Kloster Asómaton, tgl. ab 12 Uhr, Hauptgerichte ab 5 €. Die Taverne versorgt überwiegend Bauern und Arbeiter. Entsprechend bodenständig und üppig fallen die Portionen aus. Meist stehen vier täglich frisch gekochte oder gebackene Gerichte zur Auswahl.

82

Agía Galíni

Ein ganz besonderes Dorf

Im Bergdorf **Argiroúpoli** (► E/F 4) kann man gut einen ganzen Tag verbringen. Vom Parkplatz und der Bushaltestelle vor der Dorfkirche sind es nur wenige Schritte bis zum Tor zum historischen Ortskern. Im Tor bietet ein kleiner Laden im Dorf produzierte Kosmetika aus der Umgebung biologisch angebauten Avocados an. Voraussichtlich werden hier ab 2011 auch in Argiroúpoli hergestellte kulinarische Produkte aus den Früchten des Johannisbrotbaums erhältlich sein. Im Laden erhält der Besucher kostenlos einen Ortsplan, der ihn zunächst einmal in etwa 15 Minuten an alten venezianischen Häusern und einem römischen Bodenmosaik vorbei durch die alten Gassen führt. Unterhalb des Dorfes entspringen an der Straße nach Asógia starke Quellen, aus denen Réthimno mit Trinkwasser versorgt wird. Mehrere Tavernen servieren hier auch fangfrische Forellen aus einer der drei Forellenzuchtstationen des Ortes unter schattigen Bäumen (besonders empfehlenswert die Taverne Old Mill). An dem Sträßlein Richtung Káto Póros beginnt ein gepflasterter alter Fußweg, der nach etwa 250 m zur stets geöffneten Felskapelle Pénde Parthénon führt, wo zahlreiche römische Kammergräber in den Fels gehauen sind. Gut wohnen ist in den aussichtsreichen **Lappa Apartments.** Hier verwöhnt Mama auf Wunsch die Gäste mit Gemüsen und Salaten aus eigenem Garten, bringt ihr Sohn Dimítri Gäste zu den Ausgangspunkten von Wanderungen und holt sie am Ziel mit seinem Jeep wieder ab (Tel. 28310 812 04, www.lappa-apartments.com, DZ ab 40 €. Linienbusverbindung 3 x tgl. mit Réthimno).

Archéa Eléftherna, Moní Arkádi, Margarítes ► G4/H3

`direkt 10|` S. 84

Arméni ► F 3

Arméni ist ein belangloses Straßendorf, das jedoch für die Archäologie bedeutsam ist. Sehenswert ist die spätminoische Nekropole mit 280 Schachtgräbern als spätminoische Zeit in einem Wäldchen am nördlichen Ortsende unmittelbar westlich der Straße Richtung Réthimno (Di–So 8.30–15 Uhr, Eintritt frei, mehrmals tgl. Busse von Réthimno). Die dort gemachten Funde sind im archäologischen Museum in Réthimno zu sehen.

Plakiás und Préveli
► F 4/5

`direkt 11|` S. 87

Agía Galíni ► H 5

Der Urlaubsort mit 1260 Einwohnern und gut 4000 Fremdenbetten ist besonders gut für kontakt- und gehfreudige Urlauber geeignet. Hotels und Pensionen bedecken das Mündungstal eines Trockenbaches und klettern die steilen Hänge an seinem Ufer empor. Der gesamte tavernenreiche, sehr überschaubare Ortskern ist Fußgängerzone.

Strände
Der Ortsstrand liegt 5–20 Gehminuten vom Hafen entfernt und ▷ S. 90

83

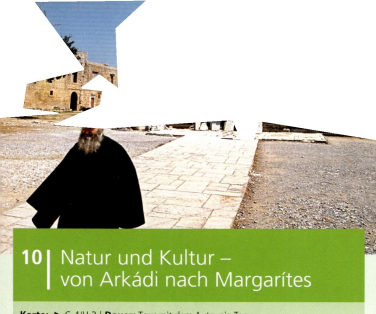

10 | Natur und Kultur – von Arkádi nach Margarítes

Karte: ▶ G 4/H 3 | **Dauer:** Tour mit dem Auto, ein Tag

Die Berghänge südlich des langen Strands von Réthimno laden zu einer Tagestour mit Mountainbike oder Vespa ein. Sie führt zum berühmtesten Kloster der Insel, durch stille Dörfer, zu idyllisch gelegenen antiken Ruinen und schließlich auch noch zum Souvenir-Shopping in Kretas Töpferdorf.

Massenselbstmord für die Freiheit

Heute kommen Fremde nur noch als friedliche Urlauber durch die Arkadiótiko-Schlucht zum **Kloster Arkádi** 1 am Rand einer kleinen, weltabgeschiedenen Hochebene hinauf. Ein Mausoleum am Westrand des weiten Klostervorplatzes birgt dort in einem verglasten Schrank säuberlich geordnet 69 Schädel, die fast alle Spuren schwerer Hieb- und Stichverletzungen aufweisen. Mal ist die Schädeldecke gespalten, mal ein Kiefer weggesäbelt. Alle Verwundungen sind Zeugnisse eines Kampfes zwischen kretischen Rebellen und osmanischen Soldaten. Die Kreter verloren ihn – doch ihr Opfer trug mit zur Befreiung der Insel gut 30 Jahre später bei. Darum gilt das Kloster den Griechen heute als Nationalheiligtum.

Der Abt des Klosters war im Mai 1866 von kretischen Widerstandskämpfern gegen die osmanische Herrschaft zum Rebellenführer der Region gewählt worden. Der Pascha von Réthimno forderte ihn auf, von dieser Funktion zurückzutreten. Der Abt weigerte sich und scharte im Kloster 225 bewaffnete Männer mitsamt Familie um sich. Daraufhin rückten osmanische Truppen im November 1866 durch die Schlucht aufs Kloster zu. Zwei Tage dauerten die Kämpfe, die den Tod von über 2000 Moslems und 200 kretischen Rebellen forderten. 14 Kreter wurden gefangen genommen, aber kei-

10 | Von Arkádi nach Margarítes

ne einzige Frau, kein Kind: Ein gewisser Kostas Giamboudákis, der heute als Nationalheld gilt, sprengte sie im Pulvermagazin des Klosters allesamt in die Luft, um sie nicht in feindliche Hände fallen zu lassen. Ihr ›Opfertod‹, als Selbstmord deklariert, erregte in der westlichen Welt großes Aufsehen. Berühmte Persönlichkeiten wie Victor Hugo, Garibaldi und Harriet Beecher-Stowe unterstützten fortan den kretischen Freiheitskampf publizistisch.

Die Klostermauern wurden restauriert und lassen Arkádi heute wieder wie eine Festung in völliger Weltabgeschiedenheit erscheinen. Auch die Klostergebäude wurden in den letzten Jahren grundlegend erneuert. Nur das ehemalige Pulvermagazin, den Ort des Massakers, ließ man als dachlose Ruine stehen. Im Zentrum des Innenhofs zieht die Renaissancefassade der Klosterkirche den Blick auf sich. Links vor der Kirche steckt in den Wurzeln einer Zypresse noch ein türkisches Artilleriegeschoss von 1866. Im Nordtrakt des Klosters sind das Refektorium und ein kleines Museum zu besichtigen, das die Flagge der Aufständischen und alte Ikonen zeigt.

Archäologische Spaziergänge

Aus dem Hochtal von Arkádi führt die schmale Straße wieder in offene Landschaft mit Blick auf die Ägäis. Nach 7 km durchquert sie das Dorf **Eléftherna** **2** und erreicht nach 2,5 kurvenreichen Kilometern **Archéa Eléftherna** **3**. In dessen Umfeld haben griechische Archäologen einige idyllisch gelegene Überreste der antiken Stadt Eleutherna freigelegt, die vom 10. Jh. v. Chr. bis in die spätrömische Antike hinein besiedelt war.

Bereits am Dorfrand von Eléftherna zweigt in einer Kurve, in der »Ceramics Souvenirs« angeboten werden, nach links ein Weg abwärts, der mit Mountainbike oder Jeep gut zu befahren ist. Er führt in die 1300 m entfernte Gemarkung **Orthí Pétra** **4**. Dort markiert ein modernes Schutzdach die neuesten Grabungen. Freigelegt wurde als seltenes technisches Baudenkmal eine bestens erhaltene, fast 10 m lange, über 4 m hohe und über 5 m breite **Brücke** aus spätklassisch-hellenistischer Zeit. Die Brückenöffnung wird von einem gleichschschenkligen Dreieck überspannt. Stege führen den Besucher durch Teile der ehemaligen Stadt mit Ruinen römischer Häuser aus dem 2. Jh.

In Archea Eléftherna folgen Sie dem braunen Wegweiser »Acropolis Cisterns«. Das Sträßlein endet vor einer Taverne mit schöner Terrasse, aber schlechtem Service. Ein Fußweg führt in etwa 4 Minuten durch die Überreste eines spätantiken Turms, der Teil der Stadtbefestigungen war, hinunter zu in den Fels geschlagenen **Zisternen** **5**. Mutige können in die bis zu 5 m hohen, etwa 40 x 25 m großen Felskammern hineinsteigen. In den Zisternen wurde Trinkwasser aus einer außerhalb der Stadtmauern gelegenen Quelle für den Belagerungsfall gespeichert. Gehen Sie den schmalen Pfad in nördlicher Richtung weiter, gelangen Sie nach etwa 6 Minuten auf eine kleine Terrasse, auf der unter alten Ölbäumen die Ruinen eines antiken **Heiligtums** **6** zum Picknick in schönster Natur einladen.

Zum antiken Stadtzentrum folgen Sie von der Platía aus dem braunen Wegweiser »Ancient town«. Ein anfangs asphaltierter Weg führt ins grüne Tal hinab. Er passiert die stets offen stehende **Doppelkirche Christos Soter & Agía Ánna** **7** und endet dann vor einem umzäunten **Areal mit zwei modernen Schutzdächern** **8**. Die Archäologen haben die Grundmauern hier als Teile einer römischen Therme,

85

Provinz Réthimno

einer frühchristlichen Basilika sowie hellenistischer und römischer Wohnhäuser samt Wasserleitungen und Kanalisation identifiziert. Der Laie genießt vor allem die Ruhe hier und die schöne Einbettung der Ruinen in eine bukolische Landschaft.

Jede Menge Keramik

Auf **Margarítes** 9 konzentrieren sich die meisten Keramikwerkstätten der Insel. Das große Dorf ist schon seit Jahrhunderten ein Töpferzentrum. Hier wurden einst vor allem die großen *píthi* genannten Vorratsgefäße hergestellt. Diesem Metier widmen sich heute nur noch zwei Meister gleich am oberen Dorfeingang. Ansonsten werden in Margarítes vor allem kleine Objekte getöpfert, die sich gut als Souvenirs eignen.

Mehrere Töpfereien liegen in unmittelbarer Nähe des kleinen Dorfplatzes, dessen beide Tavernen ideale Refugien für eine längere Rast sind. Von ihrer Terrasse unter Maulbeerbäumen haben Sie das Ziel schon vor Augen – bis zur Küste geht es von hier fast nur noch auf breiter Straße mit wenig Verkehr bergab.

Öffnungszeiten und Preise
Kloster Arkádi: Mai–Okt. tgl. 9–19, sonst tgl. 9–17 Uhr, 2,50 €
Archéa Eléftherna: Zisternen und Heiligtum frei zugänglich
Andere archäologische Stätten sind eventuell nur von außen einsehbar, vor Ort nachfragen!
Keramikwerkstätten: Im Sommerhalbjahr meist tgl. ca. 10–19 Uhr

Mountainbike oder Vespa?
Ab und bis Adelianós Kámbos östlich von Réthimno ist die Tour etwa 65 km lang. Bis Arkádi steigt die Straße auf 500 m Höhe an, zwischen Arkádi und Margarítes verläuft die Strecke mit nur leichten Steigungen und Gefällen. Vespas können überall an der Küste gemietet werden. Spezialist für gute Mountainbikes, E-Bikes und auch für geführte Touren ist **Olympic Bike** an der Hauptstraße von Adelianós Kámbos, Tel. 28310 723 83, www.olympicbike.com. Dort kann man auch einen Transfer von der Küste hinauf nach Arkádi organisieren.

Einkehrtipp
Empfehlenswert sind nur die beiden preiswerten Tavernen auf der Platía von Margarítes.

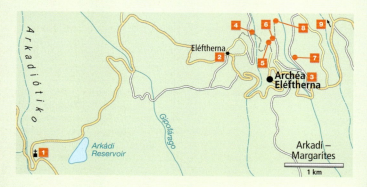

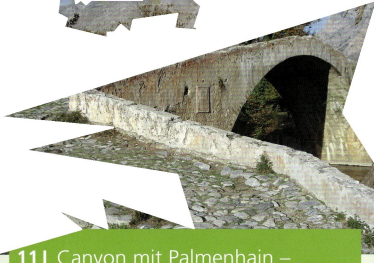

11 | Canyon mit Palmenhain – Préveli und Plakiás

Karte: ▶ F 4/5 | **Dauer:** Tour mit dem Auto, ein Tag

Die Klöster bei Préveli sind über eine gute Asphaltstraße bequem zu erreichen. Zum berühmten Strand kommen Sie jedoch aus den verschiedensten Richtungen nur zu Fuß oder per Boot.

Am Weg nach Préveli
Von der Nordküste her führt die Route nach Préveli durch die etwa 3 km lange **Kourtaliótiko-Schlucht** 1. Die Asphaltstraße verläuft hier über dem rechten Ufer des Gebirgsbaches Megalopótamos. Der nach 7 km über den Préveli Beach ins Libysche Meer fließende, eiskalte Bach entspringt etwa in der Schluchtmitte. Ein ausgebauter Fußweg führt in etwa 5 Min. von den Parkbuchten aus zu einer Kapelle gegenüber der kräftigen Quelle.

In **Asómatos** 2, dem ersten Dorf nach Verlassen der Schlucht, hat der ehemalige Dorfpriester und Lehrer Michális Georgioulákis in seinem alten Wohnhaus ein Leben lang alles gesammelt, dessen er habhaft werden konnte. Heute führt meist seine deutsche Schwiegertochter Rómi oder sein Sohn Giórgos Besucher durchs private Museum und erklärt, wie der inzwischen verstorbene Priester an seine Sammlerstücke gelangte, zu denen sogar Schuhe toter Partisanen und Erkennungsmarken gefallener deutscher Soldaten gehören. Im Museumscafé finden häufig Konzerte und Kunstausstellungen statt, in einem kleinen Laden verkaufen Rómi und Giórgos eigenes Olivenöl und eigenen Rakí.

Die Klöster von Préveli
Wo sich die Straße zum Kloster Píso Préveli auf den Boden des Bachtals herabsenkt, überspannt es eine einbogige osmanische **Steinbrücke** 3 aus dem Jahr 1850. 100 m weiter bachabwärts liegen am rechten Ufer die einsturzgefährdeten Ruinen des **Klosters**

Provinz Réthimno

Káto Préveli `4`. Es wurde im 17. Jh. als Talkloster für das ältere Kloster Píso Préveli gegründet, aber schon in der Mitte des 19. Jh. wieder aufgegeben.

Nun geht es wieder bergan. Links der Straße erhebt sich bald hoch über der Steilküste ein modernes **Denkmal** `5`. Es erinnert daran, dass die britische Armee hier 1941 mit Unterstützung der Mönche des Klosters zahlreiche Soldaten und Flüchtlinge mit U-Booten nach Ägypten evakuierte.

Im Innenhof des Klosters **Píso Préveli** `6` drückt ein weiteres Denkmal den Dank der überlebenden Commonwealth-Truppen für den selbstlosen Einsatz der Mönche aus. Ansonsten beeindruckt der Konvent vor allem durch seine Lage. Die Klosterkirche wurde 1836 geweiht; ein kleines Sakralmuseum zeigt Ikonen und liturgisches Gerät.

Ein Canyon ohnegleichen

Nun ist die Zeit für eine kurze Wanderung und ein Bad im Libyschen Meer gekommen. Auf dem Rückweg zur osmanischen Brücke führt eine Straße zu einem Parkplatz oberhalb der Steilküste hinunter. Dort beginnt ein stellenweise steiler Weg, der nach etwa 30 Gehminuten am **Préveli Beach** `1` endet. Dort windet sich der Bach Megalopótamos über den etwa 300 m langen Grobsandstrand ins Meer. Am Fluss stehen vor rötlich schimmernden Felswänden Hunderte Kretischer Dattelpalmen, die schon fast urwaldhaft wirken. Von einem Palmenwaldbrand im Jahr 2010 haben sie sich überraschend schnell erholt. Nur die Stämme zeigen noch einige Spuren.

Wer es bequem mag, kann den Fluss mit Tretbooten befahren. Wer mutiger ist, kann dem Bach im Canyon im Sommer und Herbst kraxelnd, watend und teilweise auch nur schwimmend über Katarakte folgen. An der westlichen Felswand, nahe der Mündung, sorgt ein uraltes Kaffeehaus mit Minimarkt für das Notwendigste.

Shopping zum Schluss

Über das Binnendorf **Lefkógia** `7` kommen Sie nun in den Badeort **Plakiás** `8`, von dem vormittags Ausflugsboote zum Préveli Beach fahren. Der lange Sandstrand hat aus dem 200-Seelen-Dorf einen auch von Reiseveranstaltern angebotenen Badeort gemacht. Das Dorfzentrum liegt am Westrand des Strandes, zahlreiche Tavernen säumen dort die Uferstraße.

Am Hafen vorbei führt eine kleine Straße ins Bergdorf **Selliá** `9` (›Sattel‹) hinauf. Von dort oben ist der sich zum Libyschen Meer hin öffnende Talkessel von Plakiás besonders schön anzuschauen, in westliche Richtung reicht der Blick weit an der kretischen Südküste entlang. Drei Künstlerateliers machen Selliá zudem fürs Shopping attraktiv. Nahe beieinander sind an der Dorfstraße die Ladenateliers eines Gold- und Silberschmieds, einer Malerin und eines Künstlerpaares zu finden, das mit Holz, Ton und auch Modelliermasse arbeitet.

Zwei interessante Geschäfte sind auch in **Mírthios** `10` zu entdecken, das sich wie Selliá am Hang des Talkessels hoch oberhalb von Plakiás entlangzieht. Das eine präsentiert Werke von Schmuckdesignern aus ganz Hellas, das andere preiswerten Silberschmuck und steinerne Fische aus den Händen einer waschechten Ostfriesin.

Zwischen Selliá und Mírthios beginnt der Rückweg nach Réthimno durch die nur 500 m lange **Kotsifoú-Schlucht** `11`. Sie wird von einem Bach durchströmt, der in Plakiás ins Meer mündet. Das Bachbett liegt auf etwa 200 m Höhe, die Gipfel zu beiden Seiten der Schlucht steigen auf 800 m Höhe an.

11 | Préveli und Plakiás

Öffnungszeiten und Preise
Museum Georgioulákis: Mo–Fr 10–22, Sa/So 10–17 Uhr, Eintritt 3,50 €, www.oriseum.com
Moní Piso Préveli: 25. März–Mai tgl. 9–19 Uhr; 1. Juni–31. Okt. Mo–Sa 9–13.30 und 15.30–19, So 9–19 Uhr, Eintritt 2,50 €

Eine Nacht zwischendurch
Mýrtis 1: Plakiás, am Dorfrand, Tel. 28320 311 01, www.portoplakias.gr, DZ 30–45 €. Ruhig gelegenes Hotel mit 27 Zimmern und kleinem Pool.
Plakiás Bay 2: Plakiás, oberhalb des Dünenstrandes, Tel. 28320 312 15, www.plakiasbay.com, DZ ca. 60–75 €. 28 Apartments, alle mit Meerblick.

Gut essen und loungen
Géfira 1: An der Steinbrücke, tgl. ab 10 Uhr, Hauptgerichte ab 7,50 €. Gartenterrasse direkt am Bachufer.
Chrístos 2: Plakiás, am Hafen, Hauptgerichte 6–8 €. Schöne Terrasse unter alten Tamarisken.
Frame 3: Plakiás, an der Uferstraße (1. Stock), tgl. ab 9 Uhr, Ouzo 2 €. Superschicke Lounge mit Internetcafé.
Kokkinákis 4: Selliá, Dorfstraße, Hauptgerichte ab 6 €, tgl. ab 11 Uhr. Kleine Taverne mit schöner Terrasse.
Plateía 5: Mírthios, an der Dorfstraße, tgl. ab 9 Uhr. Exzellente Küche.

Sport und Aktivitäten
ANSO Travel 2: Beim Postamt und am Hafen, Plakiás, Tel. 28320 317 12, www.ansovillas.com.
CRETA 2000 AG Adónis Mougiakákos 3: Damnoni Beach, Tel. 28320 200 45, www.creta2000.gr.

Préveli, Plakiás
2 km

Provinz Réthimno

besteht überwiegend aus großen Kieselsteinen mit kleineren, künstlich aufgeschütteten Sandflächen. Über dem großen Hafenbecken stehen moderne Skulpturen der beiden ersten Flieger der Weltgeschichte, Dädalos und Ikaros.

Übernachten

Ganz strandnah – **Stochós:** Am Strand, 3 Minuten nördlich vom Hafen, Tel. 28320 914 33, www.stochos.gr, DZ im Mai ab ca. 40 €, im August 45 €. Studios mit Klimaanlage bei der Deutsch sprechenden Familie Zevgadákis, nur durch einen Fußweg vom Strand getrennt.

Essen und Trinken

Mittendrin – **Kosmás:** An der oberen Fußgängergasse im Zentrum, tgl. 11–24 Uhr, Hauptgerichte 5–11 €. Gute Fischsuppe, kretische Spezialitäten, samstags Lamm am Spieß.
Obendrüber – **Madame Hortense:** An der Stufengasse, die am Hafen neben dem Café Alexander beginnt, tgl. 12–15 und 18–24 Uhr. Auf einer Dachterrasse mit Hafenblick.

Infos

Bootsausflüge: Mit dem Boot geht es tgl. zu den Sandstränden Ágios Pávlos und Préveli sowie zum Kiesstrand von Ágios Geórgios.
Busverbindungen: Mo–Fr 5 x, Sa/So 3 x tgl. mit Réthimno (67 km), Mo–Sa 6 x, So 3 x tgl. über Festós mit Iráklio (78 km).

Anógia ► J 4

Es gibt romantischere Bergdörfer auf Kreta als Anógia (2500 Ew.). Der Grund: Deutsche Truppen zerstörten 1944 das alte Dorf und erschossen alle männlichen Bewohner, derer sie hab-

haft werden konnten – im Gebiet von Anógia war für kurze Zeit der von Briten und Partisanen entführte deutsche General Kreipe versteckt worden. Aber es gibt nur wenige Bergdörfer auf der Insel mit mehr Lebenskraft, denn den Dorfbewohnern gehören über 20 000 Schafe und Ziegen, die an den Hängen des Psilorítis-Gebirges auf Gemeindegebiet weiden.

Rathaus

Oberdorf, an der Hauptstraße
Vor dem modernen Bau erinnert ein Denkmal an das Massaker der Deutschen von 1944.

Skoulás-Museum

Unterdorf, im Kafenío nach dem Weg fragen, Tür immer offen
Holzplastiken und Gemälde von Alkivíades Skoulás, der im hohen Alter als Autodidakt zu malen begann. Viele seiner Werke beschäftigen sich mit deutscher und türkischer Fremdherrschaft.

Tílisos ► K 4

Gut ausgeschildert, Busse von Iráklio Mo–Sa 5 x, So 2 x tgl.
Das 1100 Einwohner große Dorf Tílisos an der Straße zwischen Iráklio (11 km) und Anógia (21 km) lohnt wegen der Ausgrabung von drei minoischen Landhäusern aus der Zeit um 1500 v. Chr. am nördlichen Dorfrand einen Stopp (tgl. 8.30–14.30 Uhr, Eintritt 2 €).

Nída-Hochebene ► J 4

Eine 22 km lange Stichstraße führt von Anógia auf die zur Gemeinde gehörende Hochebene in fast 1400 m Höhe hinauf. Am Weg sieht man mehrmals Mitáta, steinerne gewölbte Schäferhütten. Von April bis Oktober tummeln sich unzählige Schafe und Ziegen, und auch eine Taverne ist dann geöffnet. Dort weist ein Wegweiser zur 1,7 km entfernten

Anógia

Höhle Idéon Ándron, in minoischer Zeit eine bedeutende Kultstätte.

Sfendóni-Höhle ▶ J 4
Beim Dorf Zonianá, 12 km von Anógia, April–Okt. tgl. 10–17 Uhr, im Winter nur Sa/So 10.30–14.30 Uhr, 4 €. Eine der schönsten Tropfsteinhöhlen Kretas; Führungen auf Englisch.

Zonianá ▶ J 4
Früher berüchtigt als ›Dorf der Schafsdiebe‹, heute als ›Dorf der rebellischen Haschischbauern‹. Im **Dorfmuseum** ein interessantes Wachsfigurenmuseum zur kretischen Geschichte (tgl. 10–19 Uhr; 3,50 €); ausführliche Infos dazu auf Deutsch und Englisch (www.zoniana.gr).

Übernachten
Zentral – **Aristéa:** Oberdorf, in der nördlichen Parallelstraße zur Hauptstraße nahe dem Schulzentrum, Tel. 28340 314 59, DZ im Mai ab ca. 30 €, im August ab ca. 35 €. Moderne Pension mit

Das große Dorf **Spíli** (▶ G 4) an der Hauptverbindungsroute von Réthimno in den Inselsüden lohnt wegen seines venezianischen Dorfbrunnens an der Platía einen kurzen Zwischenstopp. Das Wasser fließt hier aus 19 (unschön) restaurierten Löwenköpfen.

6 Zimmern. Grandioser Talblick von den Balkonen aus, sehr herzliche Wirtin.

Essen und Trinken
Kaffeehäuser und Tavernen auf dem oberen und dem unteren Parkplatz sowie an der Dorfstraße Höhe Rathaus.

Infos und Termine
Busverbindung: Mit Iráklio (37 km) 3 x tgl. (So 1x). Keine Busse zur Nída-Hochebene.
Anógia-Festival: In der ersten Augusthälfte fast täglich Konzerte und Folklore auf den Plätzen der Stadt. Großes Abschlussfest am 15. August.

In den Bergregionen blockieren nicht selten Schafherden die Straße

Provinz Chaniá

Chaniá ▶ D 2

Chaniá, mit mehr als 108 000 Einwohnern Kretas zweitgrößte Stadt, hat die besterhaltene Altstadt Kretas mit vielen venezianischen Häusern und Palästen an engen Gassen. Die Hafenpromenade ist nicht nur die längste der Insel, sondern auch noch weitgehend autofrei. Nirgends auf Kreta gibt es zudem mehr romantische Hotels und Pensionen in historischen Gebäuden. Als Standort für einen Badeurlaub ist Chaniá wenig geeignet. Wer aber Stadt und gute Strände kombinieren will, kann ein Hotel in den 8–15 km westlich gelegenen Küstenorten Agía Marína, Plataniás und Geráni wählen (gute Busverbindung).

Markthalle [1]
Dimotikí Agorá, Platía Sof. Venizélou, Mo–Sa 8.30–13.30, Di, Do, Fr auch 17.30–20.30 Uhr
Architektonisch die schönste Markthalle Kretas. Leider verändert sie ihren Charakter immer mehr, treten Souvenirhändler zunehmend an die Stelle von Obst- und Gemüse-, Fleisch- und Fischständen.

Folklore-Museum [2]
Odós Halidón 46B, tgl. 9–20 Uhr, Eintritt 2 €
Liebevoll gestaltetes privates Museum. Wachsfiguren tragen historische Trachten, ganze Räume und Werkstätten sind mit alten Möbeln und Geräten nachgebildet.

Archäologisches Museum [3]
direkt 12] ▶ S. 93

Janitscharen-Moschee [4]
Platía Santriváni
Die einstige Moschee am Hafen wurde 1645 für die Elitesoldaten des Sultans erbaut. Jetzt harrt sie der Restaurierung.

Schifffahrtsmuseum [5]
Aktí Koundouriótí, Mo–Fr 9–18, Sa/So 10–18, Nov.–März 9–16 Uhr, Eintritt 3 €
Das ›Naval Museum‹ in der Firka-Bastion präsentiert Schiffsmodelle, nautische Geräte und andere Maritima sowie Modelle der venezianischen Hafenanlagen und berühmter Seeschlachten. Im Obergeschoss eine interessante Darstellung der ›Schlacht um Kreta‹ 1941.

Synagoge Etz Hayyim [6]
Párodos Kondiláki, Mo–Fr 10–18 Uhr, 2 € Spende erbeten
Die 1669 in einer kleinen katholischen Kirche aus dem 16. Jh. gegründete Synagoge, im Winter 2009/10 zweimal Ziel antisemitischer Brandanschläge, versteht sich als Hort der Stille und Besinnung, an dem jeder willkommen ist.

Arsenale [7]
Aktí Enosséos, frei einsehbar
Sieben von früher 17 venezianischen Werfthallen werden heute als Werkstätten und Lagerhallen genutzt. Manchmal finden hier auch Kunstausstellungen statt. ▷ S. 95

12 | Das alte Kreta – Archäologisches Museum Chaniá

Cityplan: S. 95 | **Dauer:** Museumsrundgang, 20–40 Min.

Das Archäologische Museum 3 **von Chaniá ist das stimmungsvollste ganz Kretas. Seine Sammlungen nehmen nämlich eine gotische, dreischiffige ehemalige Franziskanerkirche ein. Einige Objekte stehen auf dem Museumshof, der im Mittelalter Teil eines Kreuzgangs war.**

Chaniá vor 3500 Jahren

Einer der sensationellsten Funde der letzten Jahre ist ein Siegel aus der zweiten Hälfte des 15. Jh. v. Chr. Es wird herausgehoben in Vitrine 10 am ersten linken Pfeiler des Mittelschiffs zur Schau gestellt und ziert auch die Vorder- und Rückseite des an der Kasse kostenlos ausgegebenen Museumsprospekts. Es zeigt vermutlich das Aussehen der minoischen Stadt Chaniá vor etwa 3500 Jahren. Auf einem Küstenfels, dem heutigen Kastélla-Hügel in der Altstadt, steht ein mehrgeschossiges Gebäudeensemble mit zwei Toren. Es wird von Stierhörnern bekrönt. Der Stier war den Minoern heilig und taucht immer wieder in Malereien oder als Bekrönung von Palastmauern auf.

In der gleichen Vitrine liegen unter diesem ganz besonderen Siegel noch verschiedene andere mit sehr unterschiedlichen Motiven, darunter auch Darstellungen von Menschen und Tieren. Siegel aus minoischer Zeit sind auf Kreta zu Tausenden gefunden worden. Sie dienten wohl vor allem zur Kennzeichnung von Vorrats- und Transportgefäßen. Keiner ist wie der andere, die Kompositionsvielfalt ist wirklich erstaunlich.

Pithoi und Sarkophage

Die größten Vorratsgefäße der Minoer waren mannshohe Keramikgefäße, die sogenannten Pithoi, wie sie im vorderen Teil des Museums gezeigt werden. Sie sind auch in den minoischen Palast-

Provinz Chaniá

zentren zum Teil noch am Originalfundort zu sehen und dienten der Aufnahme von Öl und Wein, Getreide und Hülsenfrüchten. Solche Pithoi blieben auf Kreta bis zum Siegeszug von Plastikbehältern und Kühlschränken in Gebrauch und werden im Töpferdorf Margarítes von zwei Töpfereien bis heute hergestellt. Noch bis in die Nachkriegszeit hinein wurden sie auch von Wandertöpfern in improvisierten Öfen dort geformt und gebrannt, wo sie benötigt wurden.

Ebenfalls im vorderen Teil des Mittelschiffs stehen einige minoische Sarkophage mit und ohne Deckel. *Sarkophag* ist ein griechisches Wort und bedeutet übersetzt ›Fleischfresser‹. Unser Wort ›Sarg‹ ist von ihm abgeleitet. Die tönernen Sarkophage der Minoer waren immer farbig bemalt. Hier im Museum von Chaniá überwiegen Kraken, kultische Stierhörner und Blüten als Motive. Auf anderen Sarkophagen wie denen in den archäologischen Museen von Réthimno und Iráklio sind auch Menschen und allerlei Tiere dargestellt.

Aus späterer Zeit

Im Zentrum des Mittelschiffs sind 60 unterschiedlich große Stierfiguren aus Ton aufgestellt, die ursprünglich farbig bemalt waren. Sie stammen nicht aus minoischer Zeit, sondern sind über 1000 Jahre jünger. Sie wurden zwischen dem 4. und 2. Jh. v. Chr. dem Gott Poseidon in einem seiner Heiligtümer in Westkreta dargebracht – wahrscheinlich als fortwährende Erinnerung an ein ihm tatsächlich dargebrachtes Opfer eines lebenden Stiers, vielleicht auch nur als Ersatz dafür.

Nochmals etwa 500 Jahre jünger sind die im hinteren Teil des Mittelschiffs ausgelegten Bodenmosaike aus dem 3. Jh., also aus römischer Zeit. Sie wurden nahe der Markthalle von Chaniá gefunden. Eins zeigt, wie Dionysos in Begleitung eines Satyr die schlafende Ariadne am Strand von Náxos findet, die Theseus auf Befehl des Gottes hier zurücklassen musste (s. S. 11). In den Ecken sind die vier Jahreszeiten personifiziert, in den rechteckigen Außenfeldern Szenen und Figuren aus Komödien des beliebten griechischen Komödiendichters Menander dargestellt, der viel später Molière beeinflusste. Zu den drei weiteren Mosaiken gehört auch die Darstellung eines Hahnenkampfes.

Honig für die Götter

In kleinen Seitenräumen nahe der Kasse ist die Privatsammlung der kretischen Familie Mitsotákis, gestiftet vom ehemaligen Ministerpräsidenten Konstantínos Mitsotákis, untergebracht. In Vitrine 3 ist dort ein besonders schönes Gefäß in Form eines Vogels aus der Vorpalastzeit zu sehen. Vitrine 4 birgt ein mittelminoisches Schiffsmodell, dessen Deck mit Löchern übersät ist. Es diente nach Ansicht der Archäologen der Darbringung von Honig-Opfern.

Öffnungszeiten und Eintrittspreis
Archäologisches Museum: Odós Chalidón 25, Di–So 8–15 Uhr, Eintritt 3 €

Fotografieren
Ohne Blitzlicht und Stativ ist das Fotografieren erlaubt.

Gut speisen mit Museumsblick
Suki Yaki: Odós Chalidón 28, Mo–Do 12–24, Fr–So 17–2 Uhr, www.sukiyaki. gr, Hauptgerichte meist 9–12 €. Erstklassige Kanton- und Thaiküche mit Blick in den Museumshof und auf die Franziskanerkirche, die jetzt das Archäologische Museum beherbergt.

Chaniá

Sehenswert
1. Markthalle
2. Folklore-Museum
3. Archäologisches Museum
4. Janitscharen-Moschee
5. Schifffahrtsmuseum
6. Synagoge Etz Hayyim
7. Arsenale
8. Minoisches Schiff
9. Kirche Ágios Nikólaos

Übernachten
1. El Greco
2. Amphora

Essen und Trinken
1. O Kípos
2. Tamam
3. Well of the Turk
4. To Stáchi

Einkaufen
1. Carmela

Ausgehen
1. Avlí
2. To Chalkína
3. Discos und Bars
4. Kypos Cinema

Sport und Aktivitäten
1. Limnoupolis Water Park
2. Hellas Bike Travel

Minoisches Schiff 8
Aktí Enosséos/Odós Defkalónia, tgl. 10–16 und 18–21 Uhr, Eintritt 2 €
In einer weiteren venezianischen Werfthalle steht der seetüchtige Nachbau eines Schiffes aus minoischer Zeit (Mitte 2. Jt. v. Chr.). Vorbild war ein minoisches Fresko in Akrotíri auf Santorin

95

Provinz Chaniá

(s. S. 37). Im Frühsommer 2004 bewältigten seine Ruderer damit eine 210 Seemeilen lange Reise von Chaniá nach Piräus.

Kirche Ágios Nikólaos 9
Platía 1821, meist vormittags geöffnet
Als wohl einzige Kirche der Welt besitzt die Nikolaus-Kirche sowohl einen Kirchturm als auch ein Minarett: Die Türken nutzten sie bis 1912 als Moschee!

Strand
Chaniá Beach: Unmittelbar westlich der Fírka-Bastion am Hafen, meist aber sehr voll.

Apterá ▶ D 2
Ausgrabungen Di–So 8–15 Uhr, Burg frei zugänglich, nur mit eigenem Fahrzeug zu erreichen (Wegweiser an der Küstenschnellstraße)
Türkische Burg- und venezianische Klosterruine sowie Ausgrabungen einer spätantik-frühchristlichen Stadt auf einem einsamen Hochplateau mit schönem Fernblick. Eindrucksvolle römische Zisternen, sonst mehr Landschafts- als Kulturerlebnis.

Máleme ▶ B/C 2
Auf dem deutschen Soldatenfriedhof an einem Hügel bei Máleme ruhen die Gebeine der 4465 sinnlos gestorbenen deutschen und österreichischen Soldaten, die beim Überfall auf Kreta im Mai 1941 umkamen.

Übernachten
Nahe am Parkplatz – **El Greco** 1:
Odós Theotokópoulou 47–49, Tel. 28210 940 30, www.elgrecohotel.eu, DZ 60–90 €. Ruhige Zimmer an einer Altstadtgasse, 100 m vom Hafen und nur 150 m vom Parkplatz.

Zimmer mit Hafenblick – **Amphora** 2: B' Párodos 20 Theotokópoulou, Tel. 28210 932 24, www.amphora.gr, je

Romantische Abende verbringt man am Hafenkai von Chaniá

nach Zimmer und Saison DZ 65–120 €. Geschmackvoll eingerichtetes Hotel mit 20 Zimmern in einem Haus aus der Zeit um 1300. Einige mit Hafenblick.

Essen und Trinken

Grüne Oase – **O Kípos** **1**: Im Stadtpark, www.kipos.com, tgl. ab 8 Uhr. Klassisches elegantes Kaffeehaus abseits allen Straßenverkehrs, traditionelle Süßspeisen und Kuchen, aber auch Eisbecher und Champagner.

Viel Flair – **Tamam** **2**: Odós Zambéliou 49, www.tamamrestaurant.com, tgl. ab 12 Uhr. Hauptgerichte 7–11,50 €. Eine Vielzahl traditioneller Mezedákia, serviert in einem ehemaligen türkischen Hamam und an Tischen auf der engen Gasse davor.

Romantisch – **Well of the Turk** **3**: Odós Kaliníkou Sarpáki 1–3, April–Okt. Mi–Mo ab 19 Uhr, Hauptgerichte 6–12,50 €. Intimes Restaurant mit Tischen auf einem kleinen Platz, kreative mediterrane Küche. Die Karte ist klein, sodass die Frische aller Produkte stets garantiert ist.

Rein vegetarisch – **To Stáchi** **4**: Odós Defkalónia, tgl. ab 13 Uhr. Vegetarisches Slow Food, auch Suppen, täglich frisch zubereitet; familiär betrieben, Außenplätze mit etwas Meerblick.

Einkaufen

Gutes Design – **Carmela** **1**: Odós Ángelou 7. Außergewöhnlicher Gold- und Silberschmuck, geschmackvolle Keramik, ideenreich präsentiert.

Für Alltägliches – **Wochenmärkte**: An der Odós Meletíou Píga (Néa Chóra, Do) und an der Odós Minóos (östliche Stadtmauer, Sa) jeweils 6–12 Uhr.

Ausgehen

Viel Atmosphäre – **Avlí** **1**: Odós Selinoú 123/Lafoníssou, Néa Chóra, tgl. ab 20 Uhr. Restaurant mit live gespielter,

traditioneller Rembétiko-Musik in altem Herrenhaus mit schönem Garten.

Kretische Musik – **To Chalkína** **2**: Aktí Tombázi 29–30, Musik ab 22 Uhr. Modernes Restaurant und Bar, im Sommer fast täglich, sonst an Wochenenden kretische und griechische Livemusik.

Junges Leben – **Discos und Bars** **3** mit internationaler Musik konzentrieren sich auf das nordöstlichste Altstadtviertel hinter dem Hotel Porto Veneziano.

Sommerkino – **Kýpos Cinema** **4**: Odós Dimokratiás, im Stadtpark.

Sport und Aktivitäten

Spaßbad – **Limnoúpolis Water Park** **1**: In Varípetro, 7 km südwestlich von Chaniá, Ende Mai–Sept. 10–18 Uhr, www.limnoupolis.gr, Busse ab Platía 1866 mehrmals tgl. Spaßbad mit Riesenrutsche, Wasserspielen, Bars und Restaurants. Freier Eintritt für Senioren ab 60!

Mountainbiken – **Hellas Bike Travel** **2**: Agía Marína (kurz vor Plataniás, gegenüber der Bank of Cyprus), Tel. 28210 608 58, www.hellasbike.net. Mit Führung und Begleitbus zu Zielen in der Region.

Infos und Termine

Municipal Tourist Information: Odós Milonogiánni 53 (Seiteneingang des Rathauses), Tel. 28213 416 65, www.chania.gr. Mitte Juni–Sept. Info-Kioske auf der Südseite der Markthalle und auf der Nordseite der Janitscharen-Moschee am Hafen.

Fernbusse: Ab Busbahnhof Odós P. Kelaídi/Odós Kidónias, Tel. 28210 933 06. Mit Réthimno und Iráklio von 5.30 bis 22.30 Uhr stündlich. Für andere Ziele im Regierungsbezirk Chaniá s. jeweilige Zielorte.

Stadtbusse: Ab Städtische Markthalle, u. a. zum Flughafen und zum Hafen

Provinz Chaniá

von Soúda, in den Vorort Chalépas und zum Kloster Chrissopigís. Kostenloser Minibusservice ab Stadtpark durch die Altstadt zum Hafen.

Städtisches Kulturfestival: Juli bis Ende Aug. Konzerte, Folklore, Theater, Ausstellungen an wechselnden Veranstaltungsorten.

Akrotíri-Halbinsel
▶ D/E 1/2

Die 528 m hohe Halbinsel im Nordosten Chaniás ist ein gutes Ziel für einen Tagesausflug per Mietfahrzeug. Erste Ziele sind das Kloster **Moní Agía Triáda** aus dem 17. Jh. (tgl. 9–18 Uhr) und das Kloster **Moní Gouvernéto** (Ostern–Sept. Mo, Di, Do 9–12 und 17–19 Uhr, Sa/So 5–11 und 17–20 Uhr; Okt.– Ostern Mo, Di, Do 9–12 und 16–18 Uhr, Sa/So 5–11 und 16–19 Uhr). Vom Kloster aus dem 16. Jh. führt ein gepflasterter Privatweg in etwa 30 Min. an der **Tropfsteingrotte Arkoudiótissa** mit ihrer Felskapelle aus dem 16. Jh. vorbei zum verlassenen venezianischen **Felsenkloster Katholikó** in einer Schlucht nahe dem Meer. Danach locken die Sandstrände von Stavrós zum Baden.

Kolimbári ▶ B 2

Obwohl Kolimbári (950 Ew.) nur einen Kieselsteinstrand besitzt, entwickelt sich der Ort seit Mitte der 90er-Jahre zu einem Touristenzentrum. Zuvor war er fast nur Teilnehmern von Tagungen bekannt, die die **Orthodoxe Akademie** Kretas in ihrem großen Zentrum 2 km nördlich bis heute regelmäßig veranstaltet. Im Geiste der Ökumene sollen dort Christen aller Konfessionen zusammenkommen. An der Straße zwi-

schen Ort und Akademie steht das 1618 erbaute **Kloster Odigítrias Goniás** (So–Fr 8–12.30 und 16–20 Uhr im Sommer bzw. 15.30–17.30 Uhr im Winter, Sa nur ab 16 Uhr).

Kíssamos ▶ A 2

Die verschlafene, vom Tourismus wenig berührte Provinzstadt (4000 Ew.) besitzt außer spärlichen Resten einer venezianischen Stadtmauer und einem modernen Archäologischen Museum keine Sehenswürdigkeiten. Hier macht Urlaub, wer kretische Ursprünglichkeit sucht. Erst recht in den **Dörfern und Schluchten im Hinterland von Kíssamos** scheint die Zeit stehen geblieben zu sein (**direkt 13** ▶ S. 99).

Archäologisches Museum
Platía Stratigoú Tzanakáki, Di–So 8.30–15 Uhr, Eintritt 3 €
Schönstes Objekt in den acht Museumssälen auf zwei Etagen ist ein großes, vielfiguriges Bodenmosaik aus der Zeit um 200, das zahlreiche mit dem Dionysos-Kult verbundene Szenen zeigt.

Strände
Vor der Uferpromenade des Ortszentrums nur Kies- und Kieselsteinstrand. Die schöne, breite Sandstrandbucht **Mávros Mólos** liegt etwa 800 m westlich des Zentrums.

Gramvoússa und Bálos ▶ A 1
Im Sommerhalbjahr starten tgl. um 10.15 Uhr (im Hochsommer auch 10.30 und 12.30 Uhr) Ausflugsschiffe zur unbewohnten Insel Gramvoússa mit venezianischer Burg und zum Südseestrand von Bálos. Rückkehr 18 bzw. 19.30 Uhr, 24 (Internet 22) €, Info-Tel. 28220 243 44, www.gramvousa.com.   ▷ S. 102

13 | Unentdecktes Kreta – das Hinterland von Kíssamos

Karte: ▶ A/B 2/3 | **Dauer:** Autorundfahrt mit Wandermöglichkeit

Durchs Hinterland von Kíssamos kreuzt noch kein einziger Touristenbus. Tavernen sind rar, auf den Straßen herrscht extrem wenig Verkehr. Über der Rókka- und der Delianá-Schlucht gleiten Gänsegeier dahin, fast überall herrscht paradiesische Stille.

Das winzige Bergdorf **Polirrínia** 1 ist zwar nur 7 km von Kíssamos entfernt, entführt jedoch in eine verloren vermutete Welt. Die schmale Straße dorthin führt auf zwei Felsen zu, die wie Krokodilsaugen über eine Schlucht zu wachen scheinen. Die Bergkuppe links dieser Schlucht trägt den Weiler, in dem heute nur noch eine Handvoll Menschen lebt. Vom 7. Jh. v. Chr. bis in die frühe byzantinische Zeit hinein war Polirrínia hingegen eine befestigte Stadt, auch die Venezianer bauten hier stattliche Gutshäuser, von denen manche gerade restauriert werden.

Folgen Sie 50 m nach dem Ortsanfangsschild dem einfachen Wegweiser »Ancient Polirrinia Acropolis«, bringt Sie ein guter Feldweg an der exzellenten kleinen **Taverne Akropolis** vorbei zur **Kirche Ágii Patéres** hinauf. Sie wurde aus den sorgfältig behauenen Steinquadern eines hellenistischen Baus errichtet, von denen 31 Fragmente von antiken Inschriften tragen. Zwei davon an der Westwand sind noch besonders gut zu entziffern.

Ein Feldweg, der bald in einen schmalen Pfad übergeht, führt von hier auf die nahe Felskuppe hinauf, die die antike Akropolis der Stadt trug. Die getrockneten Stängel des Riesenfenchels erreichen hier gigantische Höhen und besonders bizarre Formen, sind allein schon den Aufstieg wert. Sie passieren einen Rest der hellenistischen Stadtmauer mit ihren Türmen, sehen auf der anderen Seite der unter Ihnen liegenden Schlucht wieder die Krokodils-

99

Provinz Chaniá

augen und erreichen nach etwa 15 Minuten Weg einen schattigen Rastplatz unter Ölbäumen vor einer kleinen Kapelle aus dem 19. Jh. Gleich nebenan weist ein Schild auf römische Zisternen hin. Noch einmal 5 Minuten weiter stehen Sie auf dem Gipfel des Akropolis-Hügels mit weiteren Mauerresten antiker Bauten. Der Rundumblick ist einfach grandios.

Im Reich der Geier

Bevor es weiter durchs einsame Hinterland von Kíssamos geht, müssen Sie zunächst einmal ins Städtchen zurückkehren und auf der alten Nationalstraße bis nach **Koléni** **2** fahren. Hier folgen Sie dem Wegweiser ins 6 km entfernte **Rókka** **3**. Schon auf halber Strecke sehen Sie erstmals den Fels, an dem das alte venezianische Dorf hoch über der nach ihm benannten Schlucht liegt. Vom Dorfrand aus blicken Sie in den wilden Canyon hinein, an dessen Felswänden noch mehrere Gänsegeierpaare nisten. Hoch über der anderen Seite der Rókka-Schlucht entdecken sie ein großes, einzeln stehendes Gebäude: die Olivenölfabrik Biolea, die Sie am späten Nachmittag auch besichtigen können.

Im übernächsten Dorf, **Perivolákia** **4**, können Sie sich in einer Käserei links der Straße mit handwerklich gefertigtem Ziegenkäse versorgen, wenn dort gerade gearbeitet wird. Auf schmaler Landstraße mit sehr wenig Verkehr geht es dann weiter hügelan bis ins Dorf **Trialónia** **5**, dessen Name ›Drei Dreschplätze‹ bedeutet. Mit den alten Wirtsleuten des Kafenío Métsovo direkt an der Straße können Sie sich auf Deutsch über das Leben hier oben unterhalten: Sie haben einst acht Jahre in München gearbeitet. Heute nennen sie außer ihrem Haus einige Weinstöcke und Olivenbäume sowie 30 Schafe und Ziegen ihr Eigen.

Von Trialónia windet sich das schmale, von kaum einem Auto befahrene Sträßlein nach **Delianá** **6** hinunter, das für Kreta eher untypisch in einem engen, grünen Tal liegt. Sein Dorfplatz ist ideal für ein erstklassiges, kretisch-gesundes Mittagessen und eine Likör-Verkostung. Wer sich fit fühlt, unternimmt nach der Einkehr bei **To Farángi** eine kleine Wanderung in der Schlucht von Delianá. Bis zu ihrem Ausgangspunkt können Sie auch mit dem Auto fahren. Folgen Sie der Straße Richtung Trialónia und biegen Sie am oberen Ortsende in den ersten, ausgeschilderten Feldweg nach links ab. Vom kleinen Parkplatz gehen Sie auf dem breiten Feldweg in die Schlucht hinein, soweit Sie mögen. Menschen werden Ihnen kaum jemals begegnen, doch mit etwas Glück sehen Sie vielleicht einen Gänsegeier durch die Lüfte gleiten.

Ausklang

Viele Olivenbäume in dieser Region sind über 600 Jahre alt, manche werden sogar auf über 1000 Jahre geschätzt. Das genaue Alter eines Öl-baum-Methusalems zu bestimmen ist unmöglich, da der Stamm im Greisenstadium innen hohl wird, obwohl seine Zweige noch Blätter und Früchte tragen, und somit keine Jahresringe mehr festzustellen sind. Im Dorf **Ástrikas** **7** steht ein über 1000 Jahre altes Exemplar direkt gegenüber dem Dorf-Kafenío am Straßenrand. Am Dorfrand wird in jedem Winter in der hochmodernen Olivenölfabrik Biolea ausschließlich Bio-Öl aus zertifiziertem Anbau produziert. Auch an Studien zur Verwendung von Oliventrester als Energielieferant ist das Unternehmen beteiligt.

Abschließend stehen noch zwei ganz besondere Kirchen auf Ihrem Programm. Am Ortsrand von **Episkopí** **8** steht tagsüber die dem Erzengel Mi-

13 | Hinterland von Kíssamos

chael geweihte **Rotonda** 9 aus dem 6./7. Jh. mit einer für ganz Kreta einzigartigen, stufenförmigen Kuppel. 1 km weiter führt von der Hauptstraße an einem nur aus der Gegenrichtung lesbaren braunen Wegweiser ein Pfad in zwei Minuten zur windschiefen **Kapelle Ágios Stéfanos** 10 aus dem 11. Jh. Ihre Tür steht immer offen, innen ist sie mit Wandmalereien geschmückt. Sie steht in dichtem Waldgrün verborgen, nur Zikaden und Vögel sind zu hören – ist wieder einmal ein kleines kretisches Paradies!

Hinkommen
Busverkehr: Keine Busverbindung mit Polirrínia; Busverkehr zwischen Chaniá und Delianá Mo–Fr 2 x tgl., ab Chaniá 13.15 und 13.30 Uhr, ab Delianá ca. 7 und 15 Uhr;n Kolimbári Umsteigemöglichkeit nach Kíssamos

Regionale Kulinaria
Akropolis: Polirrínia, Weg zur Akropolis, tgl. ab 10 Uhr. Kleine Taverne mit Panoramaterrasse. Es gibt diverse Gemüse aus dem Backofen, kleine Fleischspießchen von Huhn oder Schwein – und für Mutige *avgá me stáka* – Spiegelei mit warmer Ziegenbuttermilch (3,50 €).
To Farángi: Delianá, Platía, tgl. ab 10 Uhr. Offener Dorfwein 4 €/l, Hauptgerichte 6–8 €. Die Tische stehen in einem gepflegten kleinen Garten direkt am Dorfplatz. Eine Speisekarte gibt es nicht, stattdessen muss man hier noch in die Küche schauen und wählen. Wirtin Sofía kocht täglich etwa sieben Tagesgerichte, ihr Mann Jórgos ist fürs Grillen und den Gemüseanbau zuständig, hält Kaninchen, Schafe und Ziegen. Sofias selbst aufgesetzter Bananen-, Minz- oder Rosenlikör ist eine süße Versuchung. Für die Kunst an den Wänden zeichnet Sohn Jánnis verantwortlich, der sich um den Service kümmert.

Rund ums Olivenöl
Führungen durch die **Olivenölfabrik Biolea** bei Ástrikas tgl. um 18 Uhr, vorher anmelden (Tel. 28240 232 81, www.biolea.gr). Teilnahme kostenlos.

101

Provinz Chaniá

Falassarná ▶ A 2
Ein kilometerlanger, über 100 m breiter und von hohen Dünen gesäumter Sandstrand zieht sich am nördlichen Ufer der Küstenebene von Falassarná entlang. Ferienvillen und einige wenige kleine Hotels stehen weit verstreut in der Landschaft. Am Nordende des Strandes sind frei zugänglich die Reste einer antiken Hafenfestung erhalten. Linienbusse 3 x tgl. nach Chaniá.

Elafoníssi ▶ A 4
Kilometerlanger Sandstrand an der Westküste und auf einem vorgelagerten, watend zu erreichenden Inselchen. Idyllisch, aber im Hochsommer voll. Hinter dem Strand sind einige Tavernen und Pensionen entstanden. Ganz in der Nähe befinden sich der kleine Ort **Chrissoskalítissa** (▶ A 4) mit weiteren Tavernen und Pensionen sowie das auf einem niedrigen Fels erbaute, schneeweiß gekalkte Kloster gleichen Namens. Linienbusse 1 x tgl. nach Chaniá.

Übernachten

Modern und familiär – **Aphrodite Beach:** Odós Agamémnonos 49, Tel. 28220 830 99, www.aphroditebach.com, DZ ab 50 €. 32 geräumige Studios auf drei Etagen (kein Lift) direkt am Mávros Mólos Beach, kleiner Pool, nette Wirtsfamilie.

Strandnah und freundlich – **Maria Beach:** Mávros Mólos Beach, Tel. 28220 226 10, www.mariabeach.de, DZ im Mai ab 45 €, im August ab 49 €. Familiär geführte, aus drei Häusern bestehende Anlage mit 16 Hotelzimmern und 7 Ferienwohnungen. Die ausgesprochen kinderfreundliche Familie Kastanákis ist stolz auf viele langjährige Stammgäste, die insbesondere auch den direkten Zugang zum schönsten Strand des Städtchens schätzen.

Essen und Trinken

Kretische Leckereien – **Kelári/Cellar:** Uferpromenade, tgl. ab 8 Uhr, Hauptgerichte ab 6 €. Überwiegend regionale Küche, lecker z. B. das *bekrí mezé*, ein

Wie in der Südsee: der Strand von Elafoníssi

Paleochóra

Strandrestaurant in Paleochóra

scharfes Schweinegulasch mit Landwurststücken, Paprika, Kartoffeln, Karotten und einem Hauch von Zimt und Orangenhaut, oder für Vegetarier die Zucchinibällchen *kolokithókeftedes* mit frischer Minze. Mo und Do ab 20 Livemusik zur Untermalung.

Infos
Busverbindungen: Chaniá 10–14 x tgl. im Sommer, Elafoníssi 1 x tgl., Falássarna und Paleochóra 3–4 x tgl.

Paleochóra ▶ A/B 4

Die zweitgrößte Siedlung an der kretischen Südküste (2200 Ew.) ist seit Jahrzehnten ein von deutschen und österreichischen Individualurlaubern bevorzugtes Ziel. Der beschauliche Ort liegt auf einer kleinen Halbinsel mit Sandstrand am westlichen und Kieselstrand am östlichen Ufer. Dazwischen breitet sich das Ortszentrum aus, in dem die Hauptstraße jeden Abend für den Verkehr gesperrt wird. Kaffeehaus- und Tavernenbesitzer stellen dann ihre Tische und Stühle auf die Fahrbahn, sodass der ganze Dorfkern zu einer großen Taverne und geschäftigen Flaniermeile wird. Die Spitze der Halbinsel nimmt ein frei zugängliches venezianisches Kastell ein. Ihm vorgelagert ist ein kleiner, moderner Fischereischutzhafen.

Kástro Selínos
Nur die Außenmauern der venezianischen Burg sind noch erhalten. Frei zugänglich; ein beliebter Treffpunkt zum Sonnenuntergang.

Übernachten
Am Sandstrand – **Elman:** An der Uferstraße beim Sandstrand, Tel. 28230 414 12, www.elman.gr, DZ im Mai 60 €, im August 70 €, ganzjährig geöffnet. 23 Hotelsuiten mit Wohn- und Schlafzimmer, Klimaanlage und großem Balkon, 900 m vom Ortszentrum.

Provinz Chaniá

Essen und Trinken
Am Meer – **Caravella:** An der Ostseite der Halbinsel am Bootsanleger, tgl. ab 10 Uhr, Hauptgerichte ca. 8–10 €. Modernes Restaurant mit schöner Terrasse und großer Auswahl auch an frischem Fisch.

Ausgehen
Alles im Blick – **Ágios:** An der zentralen Kreuzung im Zentrum, tgl. ab 9 Uhr, Cocktails 7 €. Seit Jahrzehnten der zentrale Treff, von dessen Tischen aus der Gast das abendliche Treiben bestens im Blick hat. Musikfarbe: überwiegend Jazz.
Kino – **Cine Paleochóra:** Filme openair, nur im Hochsommer.

Infos
Busverbindungen: 4 x tgl. mit Chaniá und Kíssamos, 1 x tgl. mit Ómalos (zur Samariá-Schlucht).
Bootsausflüge: Im Hochsommer entsprechend der Nachfrage nach Elafoníssi und zur Insel Gávdos. Im Sommerhalbjahr tgl. Linienschiffe über Soúgia, Agía Rouméli und Loutró nach Chóra Sfakíon.

Chóra Sfakíon ▶ D 4

In dem winzigen Küstenort (280 Ew.) am Libyschen Meer steigen im Sommer täglich Tausende von Samariá-Durchwanderern vom Schiff in die bereitstehenden Busse um. Außerhalb dieser Rushhour ist die Hauptstadt des Landkreises Sfakiá ein beschaulicher Urlaubsort mit schönen Tavernen und guten, teilweise aber nur per Boot erreichbaren Stränden in der Nähe.

Strände
Elínga Beach: Kiesstrand, 20 Gehminuten westlich.

Gliká Nerá Beach: Feinkiesstrand ohne Schatten, auf dem drei Süßwasserquellen entspringen. Nur per Boot erreichbar.

Übernachten
Einfach und preiswert – **Stávris:** 20 m oberhalb der Bucht, mit Auto erreichbar, Tel. 28250 912 20, www.stavris.com, DZ saisonunabhängig 33–36 €. Schon merklich älteres Hotel, weiß mit grünen Fensterläden, Balkonen rundum, 24 Zimmer, davon drei mit Kitchenette, einige auf Wunsch mit Air Condition (gegen Aufpreis). Gute Taverne unter einer alten Tamariske vor dem Haus.
Moderner – **Alkýon:** An der Hafenpromenade, Tel. 28250 911 80, www.hotel-alkyon-sfakia-crete.com, DZ 36 €. Modernes Hotel mit 16 großen Zimmern, davon 9 mit Hafenblick. Große Sonnenterrasse.

Essen und Trinken
Mehrere gleich gute Restaurants entlang der Uferpromenade über der Bucht. Die Speisen werden von allen Lokalen sehr verlockend in Warmhaltetresen angeboten, die unmittelbar auf der Promenade stehen. Günstiges Preisniveau (Hauptgerichte ab 6 €).

Infos
Busverbindung: 1–3 x tgl. mit Chaniá

Von einer Brücke beim 14 km von Chóra-Sfákio aus hoch in den Bergen gelegenen Dorf **Arádena** springen mutige Bungee-Springer 138 m tief in eine Schlucht, über der manchmal noch (oder schon?) die Geier kreisen **(Liquid Bungee,** Tel. 69376 151 91, www.bungy.gr, Juni–Aug. Fr–So ab 12 Uhr, 100 €).

sowie 1–2 x tgl. mit Plakiás und Réthimno.

Fährschiffe: Nach Loutró, Agía Rouméli (Samariá) und weiter nach Sougiá (▶ B 4).

Loutró ▶ D 4

Das nur noch im Sommer bewohnte Loutró ist Kretas einziger Küstenort neben Agía Rouméli (S. 106), der nur zur See oder zu Fuß erreichbar ist. Zwischen Fels und schmalem Kiesstrand stehen in einer langen Reihe kleine Häuser und Pensionen, in der Nähe finden sich mehrere felsige Badebuchten.

Infos
Die **Linienschiffe** zwischen Paleochóra (S. 103) und Chóra Sfakíon legen hier an, ab Chóra Sfakíon verkehren auch **Taxiboote**.

Frangokástello ▶ E 4/5

Die sehr ruhige Streusiedlung (150 Ew.) liegt in afrikanisch-steppenhaft wirkender Ebene vor schöner Bergkulisse. Hotelklötze fehlen, man wohnt in kleinen Apartmenthäusern und Bungalows. Von einer kleinen venezianischen Festung direkt über dem kleinkindfreundlichsten Sandstrand der Insel stehen nur noch die Außenmauern. 350 m östlich von ihr sind bei der Kapelle Ágios Nikítas Reste des Mosaikfußbodens einer frühchristlichen Basilika erhalten. Der feinsandige Hauptstrand liegt unterhalb der Burg. 500 m weiter östlich liegt der Orthí-Ammos-Strand vor über 30 m hohen Sandaufwehungen; das Ufer fällt hier schneller ab, eignet sich besser zum Schwimmen. Baden kann man auch im Hafenbecken (Sandstrand mit Tamariskenschatten).

Übernachten
Einsame Lage – **Fata Morgana/Parádisos:** Tel. 28250 920 77, www.paradisos-kreta.com, www.fata-morganakreta.gr, DZ im Mai ab ca. 35 €, im August ab ca. 40 €. Die Apartmentanlage liegt ca. 600 m von der Burg entfernt oberhalb des Orthí Ámmos Beach.

Sport und Aktivitäen
Wandern – **Imbrós-Schlucht** (▶ E 4): Diese Schlucht kann jeder durchwandern, der halbwegs gut zu Fuß ist. Da sie viel Schatten bietet, kann man auch noch um 10 oder 11 Uhr morgens einsteigen. Auch kleinere Kinder können problemlos mitgehen. Die Wanderung dauert etwa 3 Std. und ist schon im März möglich, wenn die Samariá-Schlucht noch gesperrt ist. Sie führt vom Dorf Imbrós auf etwa 750 m bis nach Komitádes auf etwa 30 m über dem Meeresspiegel hinunter.

Infos
Busverbindungen: Mo–Fr 2 x tgl. mit Chóra Sfakíon, Plakiás und Réthimno, Sa/So 1 x tgl.

Samaria-Schlucht ▶ C 3/4

`direkt 14▶` S. 106

Georgioúpoli ▶ E 3

Am westlichen Ende eines 9 km langen Sand-Kiesstrandes entstand an einer sumpfigen Flussmündung Ende des 19. Jh. ein neues Dorf. Es wurde nach dem damaligen Regenten des autonomen Kreta, Prinz Georg, benannt. Sein hervorstechendes Merkmal sind die vielen, über 50 Jahre alten Eukalyptusbäume. Seit den 90er-Jahren hat sich der 500 Einwohner zählende Ort ▷ S. 108

105

14 | Der Klassiker – Wanderung durch die Samariá-Schlucht

Karte: ▶ C 3/4 | **Dauer:** Wanderung (auch organisiert), ein Tag

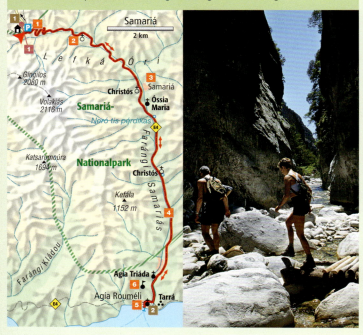

Eine Wanderung durch Kretas berühmteste Schlucht beginnt in 1227 m Höhe auf der Ómalos-Hochebene in den Weißen Bergen und führt in 5–7 Std. bis in den Küstenweiler Agía Rouméli. An der engsten Stelle lassen die Felswände nur einen 3,5 m breiten Spalt für Bach und Wanderer.

Eine Stunde bergab

Die ganzjährig bewohnte, hauptsächlich für die Viehzucht genutzte Ómalos-Hochebene liegt in 1100 m Höhe und ist auch im Winter ein beliebtes Ausflugsziel kretischer Städter. An ihrem Südrand führt die **Xilóskalo** 1 (›Hölzerne Treppe‹) als stufenreicher Waldweg im Angesicht des 2080 m hohen Gíngilos-Gipfels in die Samariá-Schlucht hinunter. Schon 1962 wurde sie zum Nationalpark erklärt. Heute ist sie eine der Haupttouristenattraktionen der Insel; an manchen Tagen wird sie von 7000 Leuten durchwandert. Der schattige Weg passiert die kleine **Ka-**

106

14 | Samariá-Schlucht

pelle **Ágios Nikólaos** `2`, die an der Stelle eines antiken Artemis-Heiligtums stehen soll. Nach etwa einer Stunde und 500 m Höhenunterschied ist der Grund der Schlucht erreicht, von hier ist der Weg mit etwa 14 km vermessen. Der Wasserstand des Baches ist im Winter so hoch, dass die Schlucht unpassierbar wird. Im Sommer bildet er hingegen oft nur ein kärgliches Rinnsal.

Mit dem Bach zum Meer

In der Schlucht wird der Weg steinig, Schuhwerk mit fester Sohle ist unbedingt notwendig. Auf der Hälfte der Wegstrecke sind die Reste des Hirten- und Holzfällerdorfes **Samariá** `3` mit Trinkwasserquelle, sanitären Einrichtungen und einer Erste-Hilfe-Station ein beliebter Rastplatz. Seine Bewohner mussten es 1962 verlassen. Wenige Meter hinter dem Dorf steht die Kirche

> **Übrigens:** Der Nationalpark bildet ein Reservat für die auch Kri-Kri genannte kretische Wildziege Agrími, deren besonderes Merkmal ihr extrem langes, gekrümmtes Gehörn ist.

Ossía María aus dem 14. Jh., bald darauf wird die Schlucht immer enger, bis sie an ihrer schmalsten, nur 3,5 m breiten Stelle über 300 m hoch steil aufragende Felswände passiert. Manchmal wird diese Stelle **Sideróportes** `4` genannt, ›Eiserne Pforten‹. Von hier aus ist es noch etwa eine Stunde Weg bis zum Dorf **Agía Roúmeli** `5` mit Kiesstrand, Tavernen, Pensionen und dem Schiffsanleger für die Weiterreise. Die Ruinen der mittelalterlichen **Burg** `6` auf dem Hügel hinter Agía Roúmeli besteigt selten ein Mensch …

Öffnungszeiten und Eintritt

Zutritt zur Schlucht nur zwischen Mai und Oktober tgl. von 7 bis 17 Uhr, Eintritt 5 €

An- und Abreise

Organisierte Tagesausflüge mit Hoteltransfer werden in allen Urlaubsorten an der Nordküste angeboten. **Linienbusse** nach Ómalos ab Chaniá im Sommerhalbjahr tgl. 6.15, 7.45, 8 Uhr, Fahrzeit ca. 50 Min., ca. 7 €. Von Chóra Sfakíon nach Chaniá tgl. 7, 11 und gegen 18.15 Uhr, Fahrzeit ca. 100 Min., ca. 8 €.
Fähren von Agía Rouméli im Sommer tgl. um 17.30 Uhr nach Paleochóra (S. 103) und Chóra Sfakíon (S. 104), frühere Abfahrten: www.anendyk.gr.

Samariá – The Easy Way

Morgens um 10.30 Uhr mit dem Schiff von Chóra Sfakíon nach Agía Rouméli,

dann auf nahezu ebener Strecke bis zu den Sideróportes in die Schlucht hinein gehen. Um 17.30 geht es dann mit den ›echten‹ Samariá-Wanderern per Schiff zurück.

Essen und Trinken

In der Schlucht keinerlei Verpflegungsmöglichkeiten. Tavernen auf der Ómalos-Hochebene (u. a. in beiden Hotels), **Self-Service-Kafeteria** `1` am Einstieg in die Schlucht. Mehrere Tavernen in Agía Rouméli. In der Schlucht mehrere Trinkwasserquellen und -brunnen.

Übernachten

Auf der Ómalos-Hochebene: Néos Ómalos `1`: Tel. 28210 672 69, www.neos-omalos.gr, und To Exári, Tel. 28210 671 80, www.exari.gr, DZ jeweils ca. 30–45 €.
In Agía Rouméli `2`: Tára, am Anleger, Tel. 28250 912 31, DZ 40–50 €.

Provinz Chaniá

touristisch stark entwickelt; die meisten Hotels stehen aber außerhalb am Strand und ziehen sich bis zur neuen Hotelsiedlung Kavrós östlich von Georgioúpoli hin, die durch die Küstenschnellstraße in zwei Teile zerschnitten wird.

Almirós-Mündung

Östlich der Brücke liegen Fischer- und Ausflugsboote in der Flussmündung. Westlich davon ist der Fluss noch naturbelassen, im Schilfrohr leben viele Schildkröten.

Strände

Ein 8 km langer Sandstrand, der sich in östlicher Richtung an der Bucht entlang zieht, beginnt im Ortsbereich. Nördlich der Almirós-Mündung ist ein weiterer kleiner Sandstrand zu finden.

Kournás-See ▶ E 3

Etwa 3 km von Georgioúpoli

Kretas größter natürlicher Süßwassersee, Límni Kourná, liegt in einer Talmulde nahe dem Meer bei Georgioúpoli. Einst ein Naturidyll, werden mittlerweile am Ufersaum Liegestühle und Sonnenschirme, am Anleger Tretboote und Kanus vermietet. Einige der Tavernen am Ufer vermieten auch Zimmer.

Übernachten

Nett und freundlich – **Drossiá:** Flussuferstraße (von der Schnellstraße kommend vorm Platía-Kiosk nach links), Tel. 28250 613 26, DZ ganzjährig 35 €. Schon etwas älteres, gepflegtes und relativ ruhig gelegenes Hotel mit freundlichem, älterem Wirtsehepaar.

Essen und Trinken

Bodenständig – **Konáki:** An der Straße zum Kournás-See, nahe dem Zentrum, tgl. ab 18 Uhr, Hauptgerichte 5–10 €. Taverne alten Stils, in der eine lebhafte Familie für Küche und Service

sorgt. Beste kretische Hausmannskost, beispielsweise Linsensuppe oder Artischockengemüse.

Bodenständig – **Georgía:** An der nördlichen Straße von der Platía zum Strand, tgl. ab 8 Uhr, Hauptgerichte 7–8 €, offener Wein 8 €/l. Georgía kocht seit über 20 Jahren fast täglich das gleiche – besonders gut Moussaká und die Hackfleischbällchen Soutzoukákia in roter Sauce.

Ausgehen

Leicht exotisch – **Tropicana:** Weithin sichtbare Beach Bar mit pagodenförmigen Palmstrohdächern, im Hochsommer oft rund um die Uhr geöffnet.

Sport und Aktivitäten

Mountainbiking und Wandern – **Adventurebikes:** Zwischen Platía und Strand, Tel. 28250 618 30, www.adventurebikes.org. 4 x wöchentlich geführte MTB-Touren, nach Bedarf Wanderungen durch die Samariá- oder die Ímbros-Schlucht. Außerdem Verleih, Anlieferung in Hotels auch in Kavrós kostenlos. MTB-Tagestouren 37–57 €, Wanderungen 35 €.

Infos

Busverbindungen: Tagsüber alle 30 Min. mit Chaniá, Réthimno und Iráklio (Bushaltestelle an der Schnellstraße), mehrmals tgl. mit Vámos.

Trenáki: Minizüge auf Gummirädern hinter 75-PS-Lok unternehmen Ausflüge zum Kournás-See und zu Dörfern in der Umgebung.

Vámos und Halbinsel Apokorónas ▶ E 2/3

Die grüne Halbinsel ist ein Ausflugsziel und eine hervorragende ländliche Urlaubsregion. **direkt 15** ▶ S. 109

15 | Beschauliche Dörfer – die Halbinsel Apokorónas

Karte: ▶ E 2/3 | **Dauer:** Tour mit Auto oder Motorrad, ein Tag

Für einen kretischen Dorfurlaub gibt es wohl keine bessere Adresse als Vámos auf der Halbinsel Apokorónas zwischen Georgioúpoli und Chaniá. Das Dorf ist groß, voller Leben und bestens auf Gäste eingestellt, die Umgebung ideal für Spaziergänge und Ausflüge in schöne Dörfer und an gute Strände.

Vámos 1 ist der Hauptort des Dímos Apokorónas, der eine sanft hügelige Halbinsel einnimmt, die eine breite Senke von den Weißen Bergen trennt. Das Dorf zählt nur etwa 650 Bewohner, fungiert für die umliegenden Dörfer aber als Einkaufs-, Ärzte- und Schulzentrum und ist darum an Vormittagen recht geschäftig. Die Lieblichkeit der Landschaft und die Nähe zur Hafen- und Flughafenstadt Chaniá haben dafür gesorgt, dass sich inzwischen viele Ausländer – vor allem Briten – auf der Halbinsel Villen und Apartments bauen ließen. Sie haben die Landschaft zwar verändert, tragen jedoch auch dazu bei, dass die Dörfer hier nicht veröden, Cafés und Tavernen ganzjährig Gäste finden.

Wer kein eigenes Haus in der Region besitzt, kann im Dorf selbst alte, restaurierte Häuser und auch moderne Apartments mieten. Vor allem im Winter werden sie gern von Kretern aus den Städten genutzt – der Blick vom Dorf auf die schneebedeckten Gipfel der Weißen Berge im Süden und auf die Steilküsten der Halbinsel Akrotíri im Nordwesten ist dann wahrhaft schön!

Rundgang in Vámos

Parken Sie Ihr Fahrzeug am besten auf dem Dorfparkplatz unterhalb der Platía, an der auch der Linienbus aus Chaniá hält, und gehen Sie dann zur Platía hinauf. Da sehen Sie den für Dorfplätze obligatorischen Kiosk, vor dem ständig Autos und Motorräder zum Einkauf

Provinz Chaniá

stoppen, direkt an der Kreuzung einen traditionellen Tante-Emma-Laden, das übliche Gefallenendenkmal vor dem winzigen Rathaus und mehrere Kaffeehäuser und Tavernen. Davor sitzen Bauern und Rentner und schauen, was auf der Platía los ist. Nichts Aufregendes geschieht, aber dauernd gibt es irgendetwas zu gucken und zu diskutieren.

Gehen Sie dann an der Platia die Hauptstraße nach rechts unten hinab, passieren Sie die Apotheke und die Zahnarztpraxis, die Konditorei und eine gute Taverne, bevor Sie nach etwa 150 m eine kleine Kreuzung erreichen. Dort liegen das Reisebüro Vamos SA und die Taverne Sterna tou Bloumosifis, eine der besten und traditionellsten der ganzen Insel. Sie ist das ganze Jahr über geöffnet. Gehen Sie nach links hinauf in den ältesten Ortsteil, kommen Sie sogleich an eine kleine platzartige Erweiterung. Hier finden Sie das Traditionsgeschäft The Miróvolon, das kleine Art Café und die ehemalige Mädchenschule von 1880. Nehmen Sie hier die Gasse nach links und gehen die nächste wieder links hinunter, kommen Sie am Internetcafé sowie der Dorfbäckerei vorbei zurück zur Platía.

Erst Museum, dann Natur pur
4 km von Vámos entfernt liegt **Gavalochóri** **2** in einer Talsenke. Ausgeschilderte venezianische Brunnen am östlichen Dorfrand zeugen ebenso wie viele der alten Dorfhäuser davon, dass es schon zu venezianischen Zeiten ein wohlhabender Ort war. Daran erinnert auch das kleine Volkskundliche Museum 150 m von der Platía entfernt, an der der unscheinbare Laden der örtlichen Frauengenossenschaft den ganzen Tag über geöffnet ist. Zu kaufen gibt es ein paar Stickarbeiten, süß eingelegte Früchte, Marmeladen und Honig, Kräuter und Kräutertees.

Von der Platía führt eine enge Straße ins winzige Nachbardorf **Douliná** **3** hinauf. Sie endet vor einem urigen Kafenío. Nach wenigen Schritten über die alte Dorfgasse zweigt ein (mit »Pros Exoklísi Ag. Ioanni« ausgeschilderter) breiter Pfad in ein enges, urwaldgrünes Bachtal ab. Nach 30 Min. in schönster Natur erreicht er die kleine **Felskapelle Ágios Ioánnis** **4** mit ihren bizarren Olivenbäumen auf dem Kirchhof.

Die Strände der Region
Von Douliná geht es danach hinunter an die Küste. Da mündet im Badeort **Kalíves** **5** das Flüsschen Mesopótamos ins Meer, seine letzten Meter sind als winziger Flusshafen nutzbar. Ein 300 m langer Sandstrand direkt vor dem Ort lädt zum Baden ein.

Landschaftlich ansprechender ist der Sandstrand des Nachbarorts **Almirída** **6** mit seinen guten Wassersportangeboten und stellenweise natürlichem Tamariskenschatten.

Glasbläser und Anthony Quinn
Von Almirída schlängelt sich die Straße durch **Pláka** **7** hindurch nach **Kókkino Chorió** **8** hinauf. Das Dorf war 1964 einer der Drehorte für den Allzeit-Klassiker »Alexis Sorbas«, den Anthony Quinn perfekt verkörperte. Wirt Dímitri, der an der Hauptgasse ein kleines Kafenío betreibt, das meist erst nachmittags aufmacht, hat im Film als Statist mitgewirkt und zeigt Gästen gern sein Fotoalbum aus jener Zeit.

Wie sich die Welt seither gewandelt hat, beweist die Glasbläserei am Dorfeingang. Der Kreter Andréas Tzombanákis lässt hier von zumeist polnischen Glasbläsern farbiges Glas aus geleerten Flaschen aller Art produzieren. Berge von Flaschen liegen auf dem Hof und inzwischen sogar am Straßenrand. Werkstatt und Laden sind sympathisch-

110

15 | Halbinsel Apokorónas

chaotisch, die Lampen und Vasen, Gläser und Karaffen und vielerlei Nippes erinnern an Murano-Glas. Neuerdings widmet sich Andréas auch Objekten aus Gusseisen und Bronzeguss. Transportprobleme sind keine Ausrede – Andréas verschifft seine Produkte gut versichert in alle Welt.

Der Rückweg nach Vámos führt durch alte Dörfer mit Resten venezianischer Bausubstanz insbesondere in **Drápano** 9 und **Kefalás** 11. Zwischen diesen beiden Orten beginnt in **Palelóni** 10 eine Stichstraße hinunter nach **Ombrósgialos** 12, wo eine gute Taverne über einem winzigen Kieselsteinstrand einsam im Angesicht senkrecht aus dem Meer steigender Felswände liegt – vor allem bei stürmischer See ein faszinierender Platz.

Verkehrsmittel
Linienbus: Von Chaniá nach Vámos über Almirída Mo–Fr 5 x

Öffnungszeiten
Volkskundliches Museum Gavalochóri: Tgl. 10–20 Uhr, Eintritt 2 €

Urlaubsquartiere
Vamos SA: Vámos, Hauptkreuzung unterhalb der Platía, Tel. 28250 221 90, www.vamosvillage.gr. Die Agentur vermittelt restaurierte Dorfhäuser. Häuser für 2 Pers. April–Okt. 60–200 €, Nov.–März 80–110 €, jede weitere Person 10 €, DZ im Hotel 30–50 €.
Vámos Palace: Straße nach Mamounianá, Tel. 28210 432 96, www.vamos-palace.gr, ganzjährig DZ 70–80 €. 11 moderne, geräumige Apartments mit Pool und Bar, ca. 700 m von der Platía.
Kalíves Beach: Kalíves, an der Flussmündung, Tel. 28250 312 85, www.kalyvesbeach.com, DZ 60–90 €. Dreigeschossiges Hotel mit 99 Zimmern am Strand, zwei Pools, kleines Hallenbad.

Schöne Tavernen
Stérna tou Bloumosífis: Vámos, tgl. ab 11 Uhr. Kreativ, auch ausgefallene kretische Spezialitäten wie in Weinblättern gegrillte Sardellen.
Psarós: Almirída, fast am östlichen Ende der Strandstraße, tgl. ab 11 Uhr, im Winter nur Fr–So. Direkt am Strand, fünf wechselnde Tagesgerichte, gute Gambas, auf Wunsch mit scharfer Sauce.

Sport und Aktivitäten
Geführte Wanderungen: Vamos SA, Tel. 28250 221 90, www.vamosvillage.gr. Berend Wolffenbuttel führt auf Deutsch und Niederländisch auf der Halbinsel Apokóronas und in den Weißen Bergen (ab 25 €).
Dream Adventure Trips: Almirída, am Strand, Tel. 69443 573 83. Schlauchboot-Touren, zweistündige Exkursionen mit Schnorchelgelegenheit.
UCPA Sports Center: Almirída, Uferstraße, Tel. 28250 314 43, www.upca-vacances.com. Vermietung von Katamaranen, Windsurf-Equipment und Kayaks.

111

Sprachführer Griechisch

Umschrift

Auch ohne griechische Sprachkenntnisse kommt man heute überall in Griechenland zurecht; die meisten Griechen sprechen zumindest Englisch. Hinweisschilder sind in der Regel auch in lateinischen Buchstaben abgefasst. Dennoch empfiehlt es sich, ein wenig Griechisch zu lernen; man kommt schneller zurecht und wird häufig auch freundlicher behandelt. Jedoch muss man auf die richtige Betonung achten, die durch den Akzent angegeben wird.

Das griechische Alphabet

		Aussprache	Umschrift
A	α	a	a
B	β	w	v, w
Γ	γ	j vor e und i, sonst g	g, gh, j, y
Δ	δ	wie engl. th in ›the‹	d, dh
E	ε	ä	e
Z	ζ	s wie in ›Sahne‹	z, s
H	η	i	i, e, h
Θ	ϑ	wie engl. th in ›thief‹	th
I	ι	i, wie j vor Vokal	i, j
K	κ	k	k
Λ	λ	l	l
M	μ	m	m
N	ν	n	n
Ξ	ξ	ks, nach m oder n weicher: gs	x, ks
O	o	o	o
Π	π	p	p
P	ρ	gerolltes r	r
Σ	σ	s wie in ›Tasse‹	ss, s
T	τ	t	t
Y	υ	i	i, y
Φ	φ	f	f, ph
X	χ	ch	ch, h, kh
Ψ	ψ	ps	ps
Ω	ω	offenes o	o

Buchstabenkombinationen

AI	αι	ä	e
ΓΓ	γγ	ng wie in ›lang‹	ng, gg
EI	ει	i wie in ›lieb‹	i
EY	ευ	ef wie in ›heftig‹	ef, ev

ΜΠ	μπ	b im Anlaut, mb im Wort	B mp, mb
NT	ντ	d im Anlaut im Wort	D nd, nt
OI	οι	i wie in ›Liebe‹	i
OY	ου	langes u	ou, u

Begrüßung und Höflichkeit

Guten Tag	kali méra
Guten Abend	kali spéra
Gute Nacht	kali níchta
Hallo, Tschüss (Du-Form/Sie-Form)	jassú/jassás
Auf Wiedersehen	adío (adíosas)
Gute Reise	kaló taxídi
Bitte	parakaló
Bitte sehr	oríste
Danke (vielmals)	efcharistó (polí)
Ja	ne (sprich: nä)
Jawohl	málista
Nein	óchi (sprich: órchi)
Nichts, keine Ursache	típota
Entschuldigung	signómi
Macht nichts	dhen pirási
In Ordnung, okay	endáxi

Reisen

Straße/Platz	odós/platía
Hafen	limáni
Schiff	karávi
Bahnhof/Busstation	stathmós
Bus	leoforío
Haltestelle	stásis
Flughafen	aerodrómio
Flugzeug	aeropláno
Fahrkarte	issitírio
Motorrad	motosiklétta
Fahrrad	podílato
Auto	aftokínito
rechts/links	deksjá/aristerá
geradeaus	efthían
hinter, zurück	píso
weit/nah	makría/kondá
heute/morgen	símera/ávrio
früh/spät	énoris/árja
geschlossen	klistó

Bank, Post

Bank/Bankautomat	trápesa/ATM
Quittung, Beleg	apódixi

112

Sprachführer

Postamt	tachidromío
Briefmarken	grammatóssima

Arzt, Notfall
Arzt/Arztpraxis	jatrós/jatrío
Krankenhaus	nossokomío
Apotheke	farmakío
Hilfe!	voíthia
Polizei	astinomía
Unfall/Panne	atíchima/pánna

Einkaufen
Kiosk	períptero
Laden	magasí
Bäckerei	foúrnos
Fleisch/Fisch	kréas/psári
Käse/Eier	tirí/avgá
mit/ohne	me/chorís
Milch/Zucker	gála/sáchari
Brot	psomí
Gemüse	lachaniká
Wasser	neró
– mit Kohlensäure	sóda
Bier	bíra (Pl. bíres)
Wein	krassí
eine Portion	mía merída

zwei Portionen	dío merídes
Speisekarte	katálogos

Adjektive
gut/schlecht	kalós/kakós
groß/klein	megálos/mikrós
neu/alt	néos/paljós
heiß/kalt	sestó/krío

Zahlen
1	éna (m), mía (f)	40	saránda
2	dhío (sprich: sio)	50	penínda
3	tría, trís	60	exínda
4	téssera, tésseris	70	evdomínda
5	pénde	80	októnda
6	éxi	90	enenínda
7	eftá	100	ekató
8	októ	200	diakósja
9	enéa	300	triakósja
10	déka (seka)	400	tetrakósja
11	éndeka	500	pendakósja
12	dodéka	600	exakósja
13	dekatría, usw.	700	eptakósja
20	íkossi	800	oktakósja
21	íkossi éna, usw.	900	enjakósja
30	tríanda	1000	chilja

Die wichtigsten Sätze

Allgemeines
Ich heiße …!   Me léne …!
Wie geht es dir?   Ti kánis?
Geht's dir gut?   Ísse kaló (m)/kalá (f)?
Sehr gut!   Polí oréo!
Prost!   Jámmas!
Ich verstehe nicht.   Dhen katalava.
Woher kommst Du?   Apo poú ísse?
Wie spät ist es?   Ti óra íne?
Ich habe es eilig!   Viássome!
Lass uns gehen!   Páme
Zahlen bitte!   Na plirósso, parakaló!

Unterwegs
Wo ist …?   Poú íne …?
Wo fährt der Bus nach … ab?   Poú févji to leoforío ja …?
Wann fährt er/sie/es?   Póte févji?
Wann kommt er/sie/es an?   Póte ftáni?
Ein Ticket nach …, bitte!   Énna issitírio ja …, parakaló!

Wie viele Kilometer sind es bis …?
Póssa chiljómetra sto …?
Ich habe ein Zimmer reserviert.   Krátissa énna domátio.

Notfall
Ich möchte telefonieren.   Thélo ná tilefónisso.
Ich suche eine Apotheke.   Thélo ná vró éna farmakío.
Wo ist die Toilette, bitte   Pú íne i tualétta, parakaló?

Einkaufen
Was wünschen Sie?   Tí thélete?
Bitte, ich möchte …   Parakaló, thélo …
Kann ich … haben?   Boró na écho … ?
Was kostet das?   Pósso káni afto?
Ich nehme es!   To pérno!
Das ist teuer!   Íne akrivó!
Es gefällt mir (nicht).   (Dhen) m'aréssi.

113

Kulinarisches Lexikon

Frühstück

avgá mátja	Spiegeleier
avgá me béikon	Eier mit Speck
voútiro	Butter
chimó portokáli	Orangensaft
giaoúrti (yaoúrti)	Joghurt
… me karídia	… mit Walnüssen
… me méli	… mit Honig
kafé me gála	Kaffee mit Milch
keik	Mürbeteigplätzchen
loukániko	Wurst
marmeláda	Konfitüre
méli	Honig
psomí	Brot
psomáki	Brötchen
sambón	Schinken
tirí	Käse
tsái	Tee

Suppen

fassoláda	Bohnensuppe
kakavjá	Fischbrühe, dazu
(auch: psarósoupa)	ein Fisch nach Wahl
kreatósoupa	trübe Fleischbrühe
patsá	deftige Kuttelsuppe mit Innereien
tomatósoupa	Tomatensuppe

Salate und Pürees

angoúro saláta	Gurkensalat
choriátiki saláta	›Griechischer Salat‹
chórta saláta	Mangoldsalat
gígantes (jígandes)	große weiße Bohnen in Tomatensauce
láchano saláta	Krautsalat
maroúli saláta	Blattsalat
melindzáno saláta	Auberginenpaste
skordaliá	Kartoffelpaste mit Knoblauch
táramo saláta	Fischrogen-Püree
tomáto saláta	Tomatensalat
tónno saláta	Thunfischsalat
tzatzíki (dsadsíki)	Joghurt mit Gurken und Knoblauch

Fisch und Meeresfrüchte

astakós	Languste
barboúnja	Rotbarbe
fangrí	Zahnbrasse
garídes	Scampi
glóssa	Scholle oder Seezunge
kalamarákja	Calamares
ksifiás	Schwertfisch
lavráki	Barsch
mídja	Muscheln
chtapódi saláta	Oktopussalat
solomós	Lachs
soupjés	Sepia (Tintenfisch)
stríthja	Austern
tónos	Thunfisch
tsipoúra	Dorade (Goldbrasse)

Fleischgerichte

arnáki, arní	Lammfleisch
pansétta	Schweinerippchen
békri mezé	eine Art Gulasch mit Kartoffeln, scharf
biftéki	Frikadelle mit Käse
brizóla	Kotelett
chirinó	Schweinefleisch
gída	Ziege
gourounópoulo	Spanferkel
gouvarlákja	Hackfleischbällchen in Zitronensauce
giouvétsi (juvétsi)	Kalbfleisch mit Reisnudeln in Tomatensauce
katsíki	Zicklein
keftédes	Hackfleischbällchen in Tomatensauce
kokkinistó	Rindfleisch in Rotweinsauce
kokorétsi	Innereien, gegrillt
kotópoulo	Hühnchen
kounélli	Kaninchen
kreatópitta	Blätterteigtasche mit Fleischfüllung
loukaniká	Landwürstchen
makarónja me kimá	Spaghetti mit Hackfleischsoße
mialá	Hirn
mouskári	Rindfleisch
moussaká	Auberginenauflauf
païdákja	Lammkoteletts
papoutsákja	gefüllte Auberginen
pastítsjo	Nudelauflauf mit Hackfleisch

Kulinarisches Lexikon

psitó	Braten	mílo	Apfel
sikóti	gebratene Leber	peppóni	Honigmelone
stifádo	Fleisch mit Zwiebeln in Tomaten-Zimt-Sauce	portokáli	Orange
		rodákino	Pfirsich
		síko	Feige
soutzoukákia (sudsukakja)	Hackfleischrollen in Tomatensauce mit Kreuzkümmel	staffíli	Weintrauben
		Desserts	
souvláki	Fleischspieß (Rind oder Schwein)	froútto saláta	Obstsalat
		karidópitta	Walnusskuchen
		loukoumádes	frittierte Hefeteigbällchen mit Zuckersirup
Gemüse			
briam	Schmorgemüse	milópitta	Apfelkuchen
bámjes	Okraschoten	pagotó	Eiscreme
eljés	Oliven	revaní	Grießkuchen
fakés	Linsen	risógalo	Reispudding
fassólja	grüne Bohnen	tirópitta	Blätterteig mit Käse
gemistes (jemistés)	gefüllte Tomaten oder Paprikaschoten	**Getränke**	
kolokithákja	Zucchini	bíra	Bier
kounoupídi	Blumenkohl	chimó	Saft
láchano dolmádes	gefüllte Kohlblätter	gála	Milch
melindsánes	Auberginen	kanelláda	Zimt-Limonade
spanáki	Spinat	kafés ellinikós	griechischer Kaffee
tourloú	Gemüseeintopf	kafés fíltro	Filterkaffee
toursí	Mixed Pickles	krassí	Wein
		lemonáda	Limonade
Obst		neró	Wasser
achládi	Birne	portokaláda	Orangeade
fráules	Erdbeeren	soumáda	Mandelmilch
karpoúsi	Wassermelone	tsái	Tee
kerássja	Kirschen	tsípouro	Tresterschnaps
lemóni	Zitrone		

Im Restaurant

Die Speisekarte, bitte.	To katálogo, parakaló.	**Salz**	aláti
		Pfeffer	pipéri
Was empfehlen Sie?	Tí sistínete?	**Milch**	gála
Was wünschen Sie?	Tí thélete?	**Brot**	psomí
Ich möchte …!	Thélo …!	**Wasser**	néro
Eine Flasche Retsína, bitte.	Éna boukáli retsína, parakaló.	**Zucker**	záchari
		Tasse	flidzáni
Darf ich ein Glas Wasser haben?	Boró ná écho éna potíri neró?	**Teelöffel**	koutaláki
		Löffel	koutáli
		Messer	machéri
Die Rechnung, bitte.	To logarjasmó, parakaló.	**Gabel**	piroúni
		Glas	potíri
Guten Appetit!	Kalí orexi!	**Teller**	piátto
Prost!	Jammás!	**Zahnstocher**	odondoglifídes
Kellner/in	kírie (Herr), kiría (Dame)	**Serviette**	petsétta (serviétta = Damenbinde!)

Register

ADAC Athen 24
Adventurebikes 105
Aerákis (Musik), Iráklio 34
Agía Galíni 6, 83
Agia Roúmeli 107
Agía Triáda 43
Agía Triáda (Kirche), Ágios
Nikólaos 55
Ágios Geórgios 61
Ágios Konstantínos 61
Ágios Nikólaos 6, 54
Ágios Nikólaos (Basilika),
Chersónisos 47
Ágios Titos, Iráklio 30
Ágios, Bar, Paleochóra 104
Agrotravel 14
Akrotíri-Halbinsel 98
Akuna Matata (Restaurant/
Bar), Mátala 46
Aléxandros (Bar), Ágios
Nikólaos 59
Alkyon (Hotel), Chóra
Sfakíon 104
Almirida 110
Almirós 54
Amári-Tal 6, **80**
Ámbelos Afhin (Restaurant),
Lassíthi 62
Ammoudará 31
Amnisós 31
Amphora (Hotel), Chaniá 96
Análipsi 73
Anógia 90
Anógia-Festival 20
Anreise 18
ANSO Travel, Plakiás 89
Apartments 15
Aphrodite Beach (Hotel),
Kíssamos 102
Apokorónas 109
Apterá 96
Arádena 104
Aravánes (Restaurant),
Thrónos 82
Archánes 39
Archäologische Sammlung,
Ierápetra 69
Archäologisches Museum,
Ágios Nikólaos 54

Archäologisches Museum,
Chaniá 93
Archäologisches Museum,
Iráklio 31
Archäologisches Museum,
Réthimno 76
Archéa Eléftherna 85
Archontikó (Hotel), Sitía 66
Argiroúpoli 83
Árgo (Restaurant), Chersó-
nisos 51
Aristéa 91
Arkoudiótissa (Höhle),
Akrotíri-Halbinsel 98
Arméni 83
Asómatos 87
Asteria (Kino),
Réthimno 77
Asterias Village (Apart
Hotel), Chersónisos 49
Ástrikas 100
Astoféngia (Restaurant),
Ierápetra 72
Atlantis Diving Centre 79
Ausflüge 23
Ausweispapiere 18
Avli (Bar), Chaniá 97
Avli (Restaurant), Réthimno
77

Baden 23
Bálos 98
Banken 22
Batis, Rest., Chióna 69
Behinderte 23
Bésis (Silberschmuck),
Iráklio 34
Big Fish (Disco), Iráklio 34
Biken 23, 78
Biolea (Olivenölfabrik) 101
Bizári Basilica, Amári 81
Botschaft 24
Brillant (Restaurant), Iráklio
33
Bungee 24, 104
Bus 26, 34, 79, 97

Camping 15
Caravella (Restaurant),

Paleochóra 104
Castello (Hotel), Réthimno
76
Chaniá 7, **92**
Chaniá, Flughafen 18
Chersónisos 6, **46,** 50
Chióna Beach 69
Chióna (Restaurant), Chióna
69
Chóra Sfakíon 7, 104
Chrisi, Insel 74
Chrissoskalitíssa 102
Chrístos (Restaurant),
Plakiás 89
Coral (Hotel), Ágios
Nikólaos 59
Couvert 16
Cretan House (Restaurant),
Sitía 66
Craft Gallery, Chersónisos
49
CRETA 2000, Damnóni 89
Creta Maris (Hotel),
Chersónisos 47
Cretan Mália Park (Hotel),
Mália 52
Cretan Villa (Hotel),
Ierápetra 72

Dead's Gorge 70
Dedálou (antiker Schmuck),
Iráklio 34
Delianá 100
Diktéon Ándron 61
Dikti-Höhle 61
Diverso (Disco), Sitía 66
Drápano 111
Dream Adventure Trips,
Almirída 111
Drossiá (Hotel), Georgioú-
poli 108

Einreisebestimmungen 18
Einwohner 10
El Greco (Hotel),
Chaniá 96
El Greco (Hotel), Ierápetra
72
Elafoníssi 102

116

Register

Eléftherna 85
Elinga Beach 104
Elman (Hotel), Paleochóra 103
Eloúnda 6, 59, 63
Enigma (Disco), Chersónisos 51
Envy (Disco), Iráklio 34
EOT 20
Episkopí 100
Ermäßigungen 21
Eva-Marina (Hotel), Mátala 45

Fähre 18, 34
Falassarná 102
Fame (Restaurant), Plakiás 89
Fata Morgana/Parádisos (Hotel), Frangokástello 105
Feiertage 18
Festivals **20**, 91
Festós 43
Feuerwehr 24
Flísvos (Hotel), Sitía 66
Flogiá (Restaurant), Ierápetra 73
Flughafen 18
Folklore Museum, Chaniá 92
Folklore Museum, Réthimno 76
Folklore-Museum, Ágios Nikólaos 54
Fortezza, Réthimno 76
Fortezza (Hotel), Réthimno 77
Foúrni-Nekropole 39
Frangokástello 105
Fundbüro 20
Fyllo...sophies (Restaurant), Iráklio 32

Galíni (Restaurant), Chersónisos 49
Gávdos 7, 104
Géfira (Restaurant), Préveli 89
Geld 20
Georgía (Restaurant), Georgioúpoli 108
Georgioúpoli 7, **105**
Gerakári 81

Geschäfte 22
Gesundheit 20
Giarakáki (Restaurant), Ierápetra 73
Gliká Nerá Beach, Chóra Sfakíon 104
Golf 24
Górtis (Gortyn) 39
Gourniá 63
Gramvoússa 98

Hafen 34
Handys 26
Happy Walker 78
Haus Margos (Hotel), Palékastro 69
Haustiere 18
Havania Beach 54
Hellas Bike Travel, Chaniá 97
Heraklion s. Iráklio
Herb's Garden (Restaurant), Iráklio 33
Historisches Museum, Iráklio 30
Homo Sapiens Museum 61
Hotels 14

Ida-Gebirge 10
Ierápetra 6, **69**
Imbrós-Schlucht 105
Information 20, 21
Internet 21
Iráklio 6, **30**
Iráklio, Flughafen 18
Ítanos (Restaurant), Ágios Nikólaos 57

Janitscharen-Moschee, Chaniá 92
Jugendherbergen 15

Kafenío 17
Kalés, Ierápetra 69
Kálesma (Restaurant), Mália 52
Kalives 110
Kalives Beach (Hotel), Kalíves 111
Kalýva 52
Karfi, Bergfestung 62
Karfreitag 19
Karneval 19

Kastríou (Basilika), Chersónisos 47
Katerós 31
Katholikó (Felsenkloster), Akrotíri-Halbinsel 98
Káto Préveli 87
Káto Zakrós 6, **70**
Kazantzákis-Grab 31
Kazárma (Kastell), Sitía 66
Kefalás 111
Kelári/Cellar (Restaurant), Kíssamos 102
Kímissis tis Theotókou 19
Kinder 21
Kirchweihfeste 19
Kirkor (Restaurant), Iráklio 32
Kíssamos 7, **98**
Kitroplatía Beach 54
Kládos (Restaurant), Amári 82
Klima 22
Knossós 40
Knossós (Restaurant), Réthimno 77
Kokkinákis (Restaurant), Selliá 89
Kókkino Chorió 110
Koléni 100
Kolimbári 98
Kómmos Beach, Mátala 45
Konáki (Restaurant), Georgioúpoli 108
Kosmas (Restaurant), Agía Galíni 90
Kostas (Restaurant), Chersónisos 50
Kotsifoú-Schlucht 88
Koufoníssi 73
Koúles-Festung, Iráklio 30
Kournás-See 108
Kourtaliótiko-Schlucht 87
Koutouloufári 48
Koutsounári 72
Krankenwagen 24
Kreditkarten 24
Kritsa 63
Kýmata (Restaurant), Chersónisos 51

Lappa Apartments, Argiroúpoli 83
Lasinthos Eco Park 61
Lassíthi-Hochebene 6, **60**

117

Register

Lató 63
Lekógia 88
Ligo krassi ...ligo thálassa (Restaurant), Iráklio 33
Liménas Chersonisou 47
Limnoupolis Water Park 97
Linoperámata 31
Lion's (Restaurant), Mátala 45
Livingroom (Bar), Réthimno 78
Loutró 105
Lychnostátis-Museum 47

Madame Hortense (Restaurant), Agía Galíni 90
Makrigialós 73
Máleme 96
Mália 6, 51
Margarítes 86
Maria Beach (Hotel), Kíssamos 102
Maria (Hotel), Lassíthi 62
Marin Dream (Hotel), Iráklio 32
Marina Village (Hotel), Palékastro 69
Markt, Mires 46
Mátala 44
Mávros Mólos Beach 98
Mélion (Patisserie), Zakrós 71
Messará-Ebene 6
Mezedopolío 16
Mietwagen 18, 27
Mílatos 52
Minoer 12
Minoische Villen, Tílisos 90
Minoischer Palast, Agia Triáda 43
Minoischer Palast, Festós 43
Minoischer Palast, Knossós 40
Minoischer Palast, Mália 52
Minoischer Palast, Roussolákkos 68
Minoischer Palast, Zakrós 70
Minoisches Schiff, Chaniá 95
Minos 10
Mires 46
Mírthios 88

Mírtos 73
Mo Club (Disco), Iráklio 34
Mochlós 66
Mochós 60
Moni Agia Triáda (Kloster), Akrotíri-Halbinsel 98
Moní Arkádi (Kloster) 84
Moni Asómaton (Kloster), Amári-Tal 81
Moni Gouvernéto (Kloster), Akrotíri-Halbinsel 98
Moní Kapsá (Kloster) 73
Moni Toploú (Kloster) 67
Mopeds 27
Morosini-Brunnen, Iráklio 30
Motorräder 27
Mýrtis (Hotel), Plakiás 89
Mýthos, Chersónisos 51
Mykener 12
Myrtios (Restaurant), Chersónisos 50

Napoleon (Restaurant), Zakrós 71
Nationalfeiertage 18, 19
Nature & Adventure 78
Nída-Hochebene 90
Niki (Hotel), Chersónisos 47
Niko's (Hotel), Mátala 45
Nísimos-Hochebene 61
Notruf 24

O Kípos (Restaurant), Chaniá 97
Oásis (Restaurant), Chersónisos 50
Odigítrias Goniás (Kloster), Akrotíri-Halbinsel 98
Odós 1866, Iráklio 30
Öffnungszeiten 22
Olympic Bike 78, 86
Ómalos-Hochebene 106
Ombrósgialos 111
Orthi Pétra 85
Osmanen 13
Ostern 19
Oúzeri 16

Palaiopóleio (Antiquitäten) 34
Palazzo Vecchio (Hotel), Réthimno 77

Palékastro 68
Palelóni 111
Paleochóra 7, **103**
Panagia i Kerá 60, 63
Pannendienst 24
Pelagos (Restaurant), Ágios Nikólaos 59
Pensionen 15
Perivolákia 100
Perivólia 80
Phaistos 43
Piskopianó 49
Píso Préveli (Kloster), Préveli 88
Pitsídia 45
Pláka 110
Plakiás 6, **88**
Plakiás Bay (Hotel), Plakiás 89
Plateía (Restaurant), Mírtos 89
Platia (Restaurant), ráklio 33
Polirrínia 99
Polizei 24
Port Side 46
Postämter 22
Prassiés 80
Préveli 87
Préveli Beach 88
Psichró 61
Psiloritis-Gebirge 10, 80
Puerto Bar (Bar), Ágios Nikólaos 59

Radwanderungen 78
Rakádiko 16
Rakidádika, Réthimno 78
Rakí 17
Rauchen 22
Réa (Hotel), Iráklio 32
Red Beach, Mátala 45
Reisezeit 22
Reiten 24, 51
Renaissance-Festival 20, **79**
Réthimno 6, **76**
Rimondi-Brunnen, Réthimno 76
Rókka 100
Römer 12
Römischer Brunnen, Chersónisos 47
Roussolákkos 68

Register

Samariá-Schlucht 7, **106**
Santorin 35
Scala (Restaurant), Mátala 45
Schmelzpunkt (Schmuckdesign), Chersónisos 49
Segeln 24
Selliá 88
Sfendóni-Höhle 91
Sgouros, Hotel), Ágios Nikólaos 59
Sicherheit 24
Sideróportes 107
Sísi 6, **52**
Sitía 66
Sitía, Flugplaz 18
Skoulás-Museum, Anógia 90
Sofia (Hotel), Iráklio 32
Sokáki, Chersónisos 51
Spaßbäder 23
Spíli 81, 91
Spinalónga 64
Sport 23
Städtische Galerie, Ágios Nikólaos 54
Star Beach Water Park, Chersónisos 51
Status Club, Chersónisos 51
Stavris (Hotel), Chóra Sfakíon 104
Stella's (Hotel), Zakrós 71
Stochos (Hotel), Agía Galíni 90
Strände 8, 23

Studios 15
Suki Yaki (Restaurant), Chaniá 94
Supermärkte 22
Surfen 24, 69
Sývritos 81
Synagoge Etz Hayyim, Chaniá 92

Tal der Toten 70
Talos Centre, Iráklio 34
Tamam (Restaurant), Chaniá 97
Tankstellen 27
Tauchen 25, 51, 59
Taxi 26
Telefonieren 26
The Balcony (Restaurant), Sitía 66
Thrónos 80
Tílisos 90
Timios Stavrós 62
Titus Basilika, Górtis 39
To Stáchi (Restaurant), Chaniá 97
Toiletten 26
Touristeninformation 21
Triatónia 100
Tropicana (Bar), Georgioúpoli 108
Türken 13
Tzermiádo 62

UCPA Sports Center, Almirída 111
Umwelt 11, 27

Vái 6, 67
Vámos 109
Vámos Palace (Hotel), Vámos 111
Vamos SA (Hotel), Vámos 111
Venedig 12
Venizélos-Museum 61
Verkehrsregeln 27
Vidianís (Kloster) 61
Vilaéti (Hotel/Restaurant), Lassíthi 62
Vizári 81
Vóri 45

Wanderer 8, 25, 78, 105, 108, 111
Wassersport 53, 59, 78
Wein 17
Well of the Turk (Restaurant), Chaniá 97
Wellness 25

Xerókambos 69
Xilóskalo 106

Yoga 26

Zacharoplastío 17
Zakrós 70
Zakros (Hotel), Zakrós 71
Záros 44
Zénia 62
Ziegen 9
Zollbestimmungen 18
Zonianá 91

atmosfair

Das Klima im Blick

Reisen bereichert und verbindet Menschen und Kulturen. Wer reist, erzeugt auch CO_2. Der Flugverkehr trägt mit bis zu 10 % zur globalen Erwärmung bei. Wer das Klima schützen will, sollte sich – wenn möglich – für eine schonendere Reiseform entscheiden oder die Projekte von *atmosfair* unterstützen. Flugpassagiere spenden einen kilometerabhängigen Beitrag für die von ihnen verursachten Emissionen und finanzieren damit Projekte in Entwicklungsländern, die dort den Ausstoß von Klimagasen verringern helfen *(www.atmosfair.de)*. Auch der DuMont Reiseverlag fliegt mit *atmosfair!*

Autor | Abbildungsnachweis | Impressum

Unterwegs mit Klaus Bötig
Der Griechenland-Experte und Reisejournalist Klaus Bötig (Jahrgang 1948) kennt Kreta seit 1973 und ist jährlich mehrmals zwecks Recherchen zu den verschiedensten Jahreszeiten dort unterwegs. Für ihn ist Kreta die spannendste und vielseitigste aller griechischen Inseln. Sein deutscher Wohnort ist Bremen. Außer Griechenland sind Zypern, Malta und Norddeutschland seine Themen. Bei den Recherchen für diesen Band unterstützte ihn die auf der Lassíthi-Hochebene geborene Kreterin Klio Verigou (Jahrgang 1981), die jetzt in Aachen lebt.

Abbildungsnachweis
Christiane Bötig, Bremen: S. 120
Klaus Bötig, Bremen: S. 70, 80, 87, 93, 99, 109
laif, Köln: S. 35, Umschlagrückseite (Aurora/Dennen); 103 (Aurora/Outram); 9 (hemis.fr/du Boisberranger); 40 (hemis.fr/Escudero); 84 (hemis.fr/Gotin); 4/5, 28/29 (hemis.fr/Guiziou); 7 (hemis.fr/Slater); 102 (IML/Atsametakis); Umschlagklappe vorn, 74 (IML/Hapsis); 17, 68 (IML/Moustafellou); 13, 64 (Le Figaro Magazine/Forget); 44, 60, 67, 77 (Modrow); 72, 91, 106 (Raach); 43 (REA/Gleizes); 96 (Zanettini)
Look, München: S. 15 (Richter); 46/47 (TerraVista); Titelbild (Werner)
Mauritius, Mittenwald: S. 31 (Siepmann); 53 (World Pictures)
Bastian Parschau, Iráklio: S. 48, 55

Kartografie
DuMont Reisekartografie, Fürstenfeldbruck
© DuMont Reiseverlag, Ostfildern

Umschlagfotos
Titelbild: Taverne am Meer in Plákias an der Südküste, Provinz Réthimno
Umschlagklappe vorn: Sfákia Beach an der Küste südlich von Chaniá

Hinweis: Autor und Verlag haben alle Informationen mit größtmöglicher Sorgfalt geprüft. Gleichwohl sind Fehler nicht vollständig auszuschließen. Alle Angaben erfolgen ohne Gewähr. Bitte schreiben Sie uns! Über Ihre Rückmeldung zum Buch und Verbesserungsvorschläge freuen sich Autor und Verlag:
DuMont Reiseverlag, Postfach 3151, 73751 Ostfildern,
info@dumontreise.de, www.dumontreise.de

2., aktualisierte Auflage 2014
© DuMont Reiseverlag, Ostfildern
Alle Rechte vorbehalten
Redaktion/Lektorat: Hans E. Latzke
Grafisches Konzept: Groschwitz/Blachnierek, Hamburg
Printed in China